Ebertplatz

Eigelstein
Turiner Straße
Konrad-Adenauer-Ufer
Ursulastraße
Marzellenstr.
Hohenzollernbrücke

Alter Markt
Hohe Straße
Heumarkt
Deutzer Brücke
äcilienstraße
Neukölner Str.

Mühlenbach
Am Leystapel
Severinsbrücke
Severinsstraße
Altstadt-Süd
Bayenstraße
Sachsenring

Chlodwigplatz
Südstadt

9 ST. APOSTELN

Apostelnkloster/Neumarkt 30

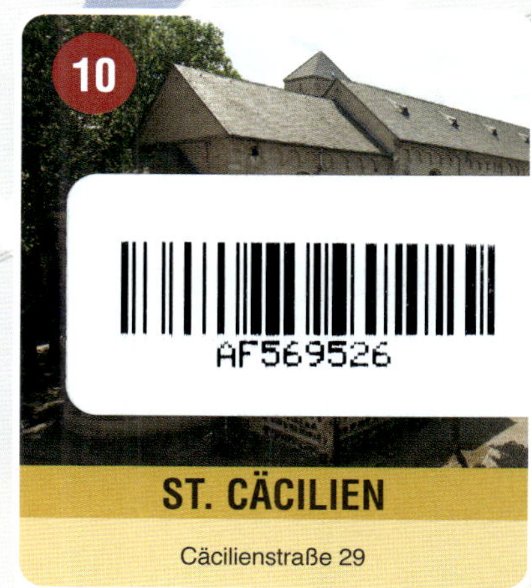

10 ST. CÄCILIEN

Cäcilienstraße 29

11 ST. MARIA IM KAPITOL

Kasinostraße 6

12 OVERSTOLZENHAUS

Rheingasse 8

13 ST. MARIA LYSKIRCHEN

An Lyskirchen 10

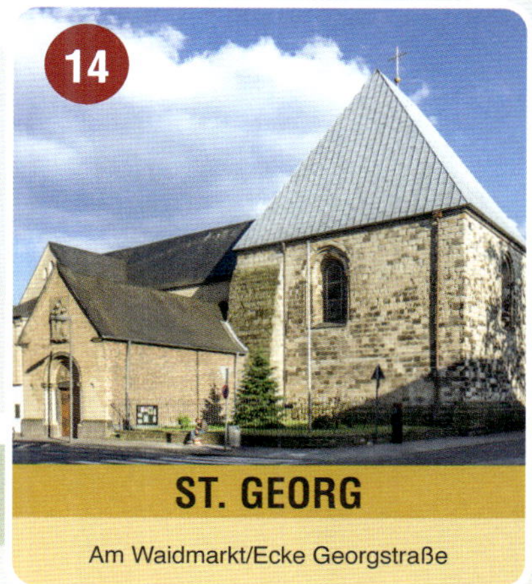

14 ST. GEORG

Am Waidmarkt/Ecke Georgstraße

15 ST. PANTALEON

Am Pantaleonsberg 6

16 ST. SEVERIN

Severinskirchplatz/Im Ferkulum 29

ROMANIK IN KÖLN

Wie geht das?

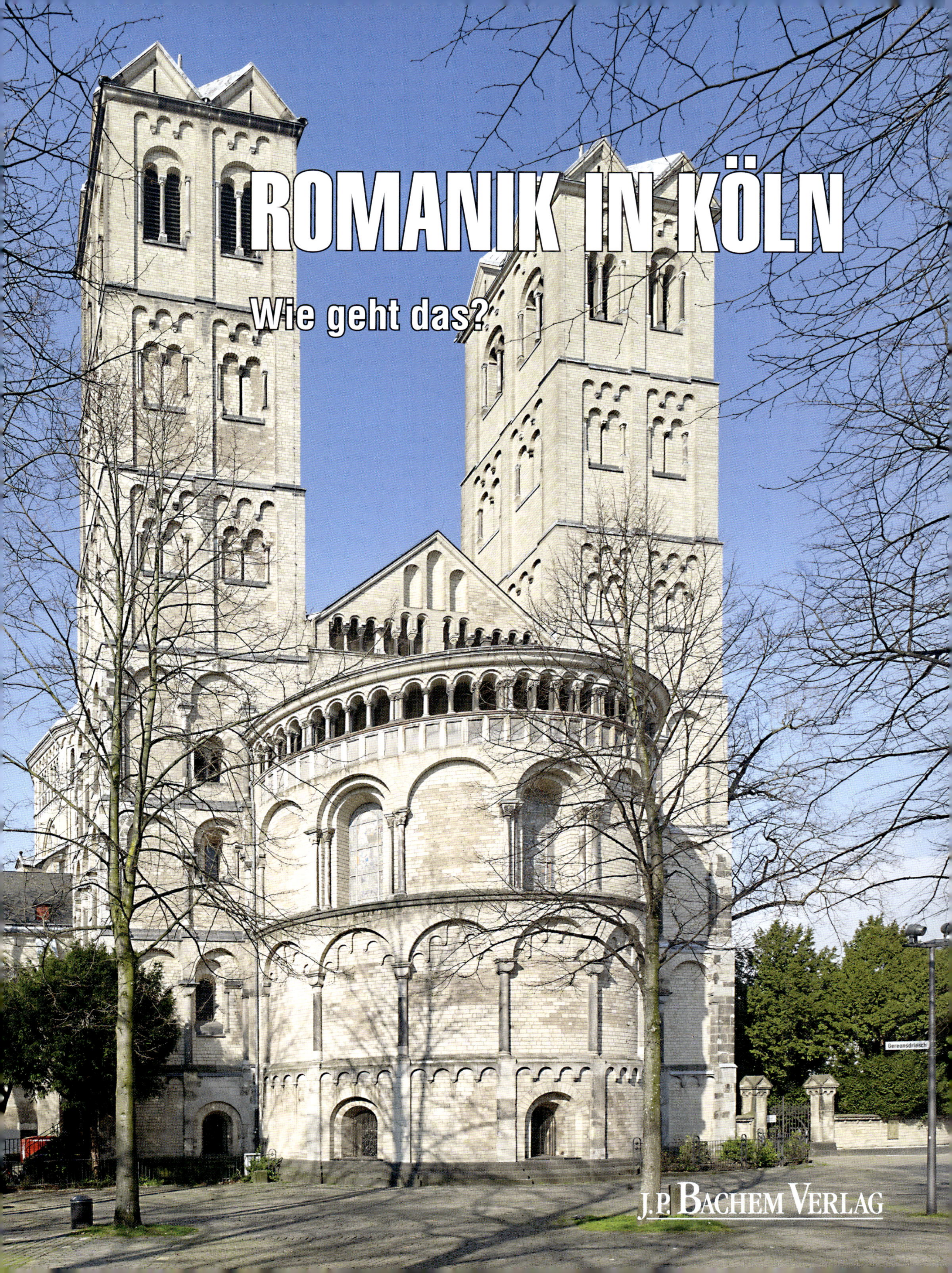

J. P. BACHEM VERLAG

Wieso, weshalb, warum –

wer nicht fragt, bleibt dumm! Diesen Satz, liebe junge Leserinnen und Leser, halte ich fast für eine Weisheit, die ein Leben lang gilt.

Als Vorsitzender des Fördervereins Romanische Kirchen Köln e.V., dessen Arbeit Ihr unter anderem in diesem Buch vorgestellt bekommt, weiß ich, dass viele unserer erwachsenen Freunde sich sehr für die Romanik in Köln interessieren. Ja, wir haben regelrechte „Fans" dieser besonderen Kunstepoche hier am Rhein.

Umso mehr freue ich mich, dass wir mit Markus Eckstein und Gabriele Oepen-Domschky zwei Experten gewonnen haben, die Euch die zwölf romanischen Kirchen, ihre Kunst und andere Bauten der Romanik in Köln vorstellen. Mit den vielen Abbildungen werden ihre Erklärungen auch sehr verständlich. Ich konnte, noch bevor das Buch erschienen ist, bereits darin lesen und habe Unbekanntes und Wissenswertes gefunden.

Ich wünsche Euch viel Spaß beim Lesen und Entdecken der Romanik in Köln. Am schönsten wäre es natürlich, wenn wir Euch einmal in einer der romanischen Kirchen bei einem Besuch treffen.

Euer Helmut Haumann
Vorsitzender des Fördervereins
Romanische Kirchen Köln e.V.

Entdecke die Romanik in Köln!

Sind Dir schon einmal die vielen Kirchen in Köln aufgefallen? Und hast Du vielleicht schon einmal gehört, dass es in Köln zwölf ganz besondere Kirchen gibt? Man nennt sie „romanische Kirchen“ und sie wurden im Mittelalter gebaut.

Im 19. Jahrhundert, also vor rund 200 Jahren, haben französische und englische Forscher das Wort „romanisch“ zuerst verwendet, weil sie damit sagen wollten, dass ein Gebäude aus der romanischen Epoche noch sehr stark an die Zeit der Römer erinnert. Heute wissen die Forscher aber, dass die Romanik auch ganz eigene Merkmale und Besonderheiten hat.

Du hast Glück, in oder in der Nähe von Köln zu wohnen. Hier kannst Du die Romanik ganz einfach selbst entdecken und findest an vielen Stellen romanischen Einfluss – an den erwähnten Kirchen, an der mittelalterlichen Stadtmauer oder am ältesten erhaltenen Kölner Wohnhaus, dem Overstolzenhaus.

Was Romanik ist, woher sie kommt, wo Du sie findest und wie das alles mit unserer modernen Zeit zusammenhängt, kannst Du in diesem Buch nachlesen. Oder Du machst Dich auf den Weg und erkundest die Romanik selbst! Die meisten Bauwerke und Kirchen kannst Du nämlich ohne Eintritt besuchen.

Wir haben uns jedenfalls bemüht, Dir die wichtigsten Informationen über die Romanik in Köln aufzuschreiben. Und damit Du das gut verstehen kannst, haben unsere beiden Kinderlektoren, Levin und Bela, noch bevor das Buch gedruckt wurde, unsere Texte gelesen und geprüft, ob wir das auch verständlich erklärt haben. Bei den beiden bedanken wir uns sehr.

Dir wünschen wir viel Spaß bei Deinen Erkundungen rund um die Romanik in Köln.

Dein Autorenteam

Inhalt

Übrigens: Begriffe, die Du vielleicht noch nicht kennst, sind im Buch mit diesem Zeichen ◆ markiert. Im Romanik 1x1 erklären wir Dir diese Wörter.

6

Sankt Severin

Sankt Maria im Kapitol

Groß Sankt Martin

Stadtmauer

Das 600 Jahre alte Bild aus dem Wallraf-Richartz-Museum/Fondation Corboud zeigt Dir die Kölner Stadtmauer und die Kirchen. Alles, was rund ist, ist romanisch.

Typisch Romanik!

Hat **Romanik** etwas mit Romantik zu tun?

Wann war das Mittelalter?

Gab es die **Romanik** nur in Köln?

Wer erzählt **uns** davon?

Romanik – was ist das?

Hast Du schon einmal das Wort „Romanik“ gehört? Nein? Wir erklären Dir, was es bedeutet.

Mit Romantik haben wir nichts am Hut!

Mit dem Wort „Romanik“ (ohne „t“) bezeichnen Fachleute die Kunst in der Zeit von etwa 1000 bis 1250 nach Christus, das heißt in der Zeit des Hochmittelalters. Romanische Kunst umfasst viele unterschiedliche Arten: Du kannst sie in der damaligen Architektur, der Malerei oder in der Bildhauerei sehen. Überwiegend findet sie sich in Kirchen, aber es gibt auch romanische Wohnhäuser, Burgen und Stadtmauern. Da die romanische Kunst in ihrer Zeit überall zu finden war, sprechen Experten von Romanik als ◆ **Epoche** – also von einem Zeitabschnitt in der Geschichte.

Ein Beispiel für eine romanische Skulptur: Der Braunschweiger Löwe entstand in der zweiten Hälfte des 12. Jahrhunderts.

Ein Wahrzeichen der Romanik in Frankreich: die Kirche Saint-Sernin in Toulouse

Am Palas der Wartburg in Thüringen kannst Du romanische Rundbögen entdecken.

Köln – ein Hotspot der Romanik

In der Metropole am Rhein gibt es gleich zwölf erhaltene große romanische Kirchen: Groß Sankt Martin, Sankt Andreas, Sankt Aposteln, Sankt Cäcilien, Sankt Georg, Sankt Gereon, Sankt Kunibert, Sankt Maria im Kapitol, Sankt Maria in Lyskirchen, Sankt Pantaleon, Sankt Severin und Sankt Ursula. Dazu kommen 16 kleine romanische Kirchen, die Stadtmauer, Bürgerhäuser und das jüdische Bad, die ◆ **Mikwe**. Romanische Bauwerke und romanische Kunst findest Du aber nicht nur in Köln, sondern auch in den ehemaligen von den Römern geprägten Ländern Europas wie Frankreich oder Italien.

Ein Jahrtausend

Das Mittelalter ist eine Epoche, die fast 1.000 Jahre andauerte. In Deutschland begann das Mittelalter mit dem Aus der Römerherrschaft vor bald 1.600 Jahren und endete erst mit Martin Luthers Thesenanschlag vor knapp 500 Jahren: also von circa 476 nach Christus (abgekürzt n. Chr.) bis etwa 1517. Die Menschen lebten damals ganz anders als heute: Sie hatten keinen Strom oder technische Hilfsmittel wie Autos oder Waschmaschinen. Die Kirche spielte eine große Rolle in ihrem Leben und die allermeisten Menschen glaubten an Gott. Von den Römern wollten die meisten Menschen im frühen Mittelalter erst einmal nichts mehr wissen. Erst ab Karl dem Großen nahmen sich Könige, Kaiser und andere bedeutende Personen die Römer wieder zum Vorbild.

Bauwerke

Karl der Große (747–814) war der erste Kaiser Westeuropas nach der Römerzeit. Da er die Römer und ihre Baukunst bewunderte, verbaute er in seiner Hofkapelle in Aachen echte römische Säulen. Manche Nachfolger Karls des Großen bauten während der Romanik wiederum seine Kapelle nach, um zu zeigen, dass sie genauso bedeutend wie Kaiser Karl und die Kaiser der Römer waren. In der Romanik wurden also römische Bauformen übernommen, aber auch viele neue entwickelt. Es war eine sehr erfindungsreiche Zeit. Immer aber ging es darum zu zeigen, wer man war.

Karl der Große ließ vor 1.200 Jahren die Pfalzkapelle in Aachen bauen. Die ums Eck gestellten Pfeiler waren Vorbild für die heute 1.000 Jahre alte romanische Kirche Sankt Georg in Köln.

Live dabei

Zeitzeugen sind Menschen, die ein Ereignis in der Geschichte miterlebt haben. In diesem Buch kommen einige Zeitzeugen zu Wort, die die Zeit der Romanik hautnah erfahren haben. Köln war damals die größte und reichste Stadt Europas. Kaiser und Könige mischten sich in die Politik in Köln ein. Die reichen Bürger stritten sich ständig mit ihrem Stadtherrn, dem Erzbischof. Und all diese mächtigen Menschen versuchten sich mit der schönsten Kirche, dem prächtigsten Bürgerhaus, der mächtigsten Mauer oder dem kostbarsten Kunstwerk gegenüber den anderen zu behaupten und hervorzutun. Von den Zeitzeugen erfährst Du, was sie in Köln gemacht haben und was damals geschah.

ZEITZEUGE

Eintritt frei!

Wenn Du dieses Buch gelesen hast, dann schau Dir die romanischen Bauten Kölns doch einmal an. Es kostet nichts, denn der Eintritt in die Kirchen ist frei und die Stadtmauer steht ohnehin da.

Köln zur Zeit der Romanik

Köln war lange Zeit die reichste und größte Stadt Europas. Könige und Kaiser kamen hierher. Regiert wurde die Stadt von den Erzbischöfen. Damit waren aber die reichen Bürger bald nicht mehr einverstanden.

Aufstand in Köln

„Schon über hundert Jahre herrschten die Erzbischöfe in Köln, als 1074 Erzbischof Anno II. das Schiff eines Kaufmanns beschlagnahmte. Der Sohn des Kaufmanns und andere wütende Kölner griffen Anno II. deshalb an. Sie verfolgten ihn bis in den ◆ **Alten Dom**. Gerade noch konnte er sich durch ein Loch in der Römermauer aus der Stadt retten. Vier Tage später kam er mit vielen Kämpfern zurück und besiegte die Kölner."

Lampert von Hersfeld (circa 1025–circa 1085)

Väter und Söhne

„Ich bin Kaiser Heinrich IV. und ich war schon mit drei Jahren König. Als mein Vater Kaiser Heinrich III. starb, war ich sechs. Aber als Kind durfte ich nicht als Kaiser regieren. Um selbst regieren zu können, entführte mich Erzbischof Anno II. auf einem Schiff nach Köln. Da war ich gerade elf Jahre alt. Anno war ein furchtbarer Erzieher. Mit 33 Jahren wurde ich römischer Kaiser. Und als ich 55 war, kämpfte mein eigener Sohn Heinrich V. gegen mich, denn er wollte nun Kaiser sein. Ich floh nach Köln. Den Kölnern erlaubte ich, kilometerlange Gräben und Wälle um die Stadt zu ziehen, um sich vor meinem Sohn und seinen 20.000 Kämpfern zu schützen."

Kaiser Heinrich IV. (1050–1106)

Dreimal heilig

„Ich bin Rainald von Dassel. Ich war der treueste Kämpfer von Kaiser Friedrich I. Er wurde Barbarossa, der Rotbart, genannt. Ich war des Kaisers ◆ **Erzkanzler** in Italien. Aus Mailand brachte ich 1164 die Gebeine der Heiligen Drei Könige nach Köln. Spätestens jetzt wurde auch Köln heilig. ‚Sancta Colonia' – Heiliges Köln nannten wir meine Stadt. Und der Name ‚heiliges Römisches Reich' für die Herrschaft meines Kaisers stammt ebenfalls von mir. Denn in meiner Zeit waren alle Könige und Kaiser Christen."

Erzbischof Rainald von Dassel
(zwischen 1114 und 1120–1167)

Der vierte König

„Als 1197 Kaiser Heinrich VI., ein Sohn Kaiser Rotbarts, starb, wollten zwei Männer neuer römischer König werden: Philipp von Schwaben, der Bruder des verstorbenen Kaisers, und ich, Graf Otto IV. von Braunschweig. Im Juli krönte mich der Kölner Erzbischof Adolf von Altena zum König. Allerdings nicht mit der echten Krone. Die hatte Philipp. Wir benutzten eine ◆ **Replik**. Im September 1198 krönte der Mainzer Erzbischof Philipp mit den echten ◆ **Insignien**. Um zu entscheiden, wer König sein durfte, bekriegten Philipp und ich uns. Da Erzbischof Adolf und die Kölner auf meiner Seite standen, schenkte ich ihnen kiloweise Gold für den Dreikönigenschrein."

Otto IV. von Braunschweig (1175 oder 1176–1218)

Ein romanischer Dom in Köln?

„Fast mein ganzes Leben verbrachte ich als gelehrter Mönch im Siebengebirge. Ich konnte sehr gut schreiben. Einst sollte ich über den Kölner Erzbischof Engelbert eine Heiligengeschichte schreiben. Denn er wurde auf dem Weg zu einer Kirchweihe erschlagen. Das war 1225. Die Heiligkeit, die seinem Leben fehlte, schenkte Gott ihm so mit einem edlen Tod! Engelbert war der Erste, der einen neuen Dom in Köln bauen wollte. Wäre das gelungen, dann gäbe es heute einen romanischen Dom."

Caesarius von Heisterbach (um 1180–1240)

Köln zur Zeit der Romanik

Straßennamen, ein Wohnhaus, Altstadtkeller, die ◆ Mikwe, ein Wohnturm und die mittelalterliche Stadtmauer erinnern an das romanische Köln.

ZEITZEUGE

Heilige Fälschung

„‚Altengrabengässchen', ‚Katharinengraben', ‚Perlengraben' – hier verliefen die Gräben, welche die Kölner 1106 aushoben, um sich gegen das Heer von König Heinrich V. zu verteidigen. Bei Sankt Ursula fanden sie dabei Gräber und Grabsteine in Massen. Die heilige Ursula und ihre 11.000 Freundinnen seien die Toten gewesen, sagten sie. ◆ **Abt** Gerlach aus Köln-Deutz hatte den Verdacht, manche Steine seien gefälscht. Da ließ er mich holen, um das zu prüfen. Ich konnte mit den Heiligen sprechen. So las ich, für alle anderen in Geheimschrift verborgen, auf einem Stein: Aetherius! Das war der Name des Verlobten der heiligen Ursula. Tatsächlich hatten die Kölner aber auch diesen Grabstein gefälscht."

Elisabeth von Schönau (1129–1164)

Hoch hinaus

„Es war mir die höchste Ehre, Rainald von Dassel, dem Erzbischof von Köln, und Kanzler Friedrich Barbarossas zu dienen. Ich, Ritter Richwin von Zudendorp, war Dienstmann des zweitmächtigsten Mannes im Reich! Für meinen Lebensunterhalt musste ich selbst sorgen. 20 bis 30 Menschen taten dies auf meinem Hof in Zündorf – Zudendorp. Meine Familie und ich wohnten in einem steinernen Turm. Davon steht heute noch der untere, aus kleineren Steinen gemauerte Teil des Zündorfer Turms."

Richwin von Zudendorp (1167 erwähnt)

Wer nicht für mich ist …

„Mein Gott, wie ich wüte! Da haben die Kölner im vorherigen Jahr so mir nichts, dir nichts mit dem Bau einer neuen Stadtmauer begonnen. 5,5 Kilometer lang soll sie werden und die ganze Stadt umringen. ‚Was willst Du', riefen die Aufmüpfigen mir zu, ‚Kaiser Heinrich hat uns schon vor 70 Jahren erlaubt, Wall und Graben um die Stadt zu ziehen! Und jetzt sollten wir es nicht?' Der jetzige Kaiser, Friedrich Barbarossa, hat dieser elenden Bürgerschaft dann auch noch in unserem Jahr 1180 mit Brief und Siegel den neuen Mauerbau bestätigt. Was soll ich machen? Ich gegen den Kaiser … der Kaiser gegen mich … vielleicht kann die Mauer mich auch vor dem Kaiser schützen … wer weiß. Ich werde den Kölnern Geld, viel Geld, geben, damit sie rasch weiterbauen können."

Erzbischof Philipp von Heinsberg (um 1130–1191)

Juden in Köln

„Hunderte meines Volkes wurden beraubt und grausam erschlagen im Jahre 4857 nach Erschaffung der Welt. Nach Eurer Zeitrechnung war es das Jahr 1096, als ein blindwütiger Mob vom Rhein herabkam. Jerusalem wollten sie befreien, aber uns Juden ermordeten sie. Erzbischof Herimann III. suchte uns zu retten, doch es half nichts. Die Überlebenden mussten nach diesem Grauen ihre Häuser und die ◆ **Synagoge** wiederherrichten. Mein Volk erhielt auch eine neue Mikwe. Die reichen Kölner Bürger bezogen zur selben Zeit ihr erstes Versammlungshaus in unserem Quartier. Und es blieb die Furcht, dass einmal auch sie über uns herfallen und uns vertreiben würden."

Baruch ben Elieser, jüdischer Lehrmeister in Köln um 1220

Stolz bis über beide Ohren

„Es war gar nicht unüblich, dass eine Frau die Geschäfte führte. Ja, die Politik, die Kämpfe mit dem Erzbischof, das war Sache der Männer. Aber mit Geld umzugehen, das war die unsere. Ich bin Blithildis Overstolz. Mein Vater Gottschalk gab uns diesen Namen. Er bedeutet ‚Überstolz'! Wir waren die reichste und mächtigste Familie in Köln. Um 1230 bauten mein Mann Werner und ich unser neues Wohnhaus in der Ryngazzin. Ihr sagt heute immer noch ‚Rheingasse' und nennt unser Haus das Overstolzenhaus. Es ist das größte und prächtigste romanische Wohnhaus in ganz Deutschland."

Blithildis Overstolz (1174–1255)

Architektur und Funktion

Runde Bauformen in Sankt Georg

Was haben die **Römer** mit der Romanik zu tun?

Wieso ist Kirche nicht gleich Kirche?

Gibt es einen **Tempel** unter Sankt Maria im Kapitol?

Wer baute die **romanischen Kirchen**?

Das „Rom“ in Romanik

Romanische Rheingassenpforte am Thurnmarkt (links) und das echte Römertor am Dom (rechts)

PFEILER

SÄULE

Kapitell

Schaft

Basis

Römische Stützen haben Rillen (Kanneluren) am Schaft, romanische nicht.

Was haben die Römer mit der Romanik zu tun? Ein Erzbischof, steinerne Bögen, Säulen und Kapitelle erzählen es Dir.

Säule oder Pfeiler?

Eine Säule besteht aus Basis (Säulenfuß), rundem Schaft und Kapitell (Kopf oder oberer Abschluss einer Säule). Wenn Du einen Schaft in runde Scheiben schneiden kannst, dann hast Du eine **SÄULE** vor Dir. Sind die Scheiben aber eckig, dann ist es ein **PFEILER**. Pfeiler können eine Basis und ein Kapitell haben, müssen sie aber nicht. Sie heißen dann trotzdem Pfeiler. Wenn Du um eine Säule oder einen Pfeiler nicht herumgehen kannst, weil sie fest mit einer Wand verbunden sind, dann sind es Wandsäulen oder Wandpfeiler – auch „Pilaster“ genannt. Und wenn Du Dir nicht sicher bist, ob Du eine Säule oder einen Pfeiler vor Dir hast, dann sag einfach „Stütze“ oder „Wandstütze“. Das meint dann beides.

Sankt Pantaleon

Bauen wie die Römer

Schon die Römer wussten, wie man eine Wand auf Stützen baut. Zuerst muss man „Brückenbögen“ auf die Stützen setzen. Die Bögen stehen sicher, wenn der **SCHLUSSSTEIN** sitzt. Das ist der Stein oben in der Mitte des Bogens. Jetzt kann der Bogen eine ganze Wand oder sogar ein ◆ **Gewölbe** tragen. Nimm einmal in Gedanken den Schlussstein aus dem Bogen heraus … was passiert?

Severinstorburg

Alles so schön rund

Die einfachste Form der „Brückenbögen" ist der Rundbogen. Du findest ihn überall in der Romanik. Nach der ◆ **Epoche** der Romanik kam die ◆ **Gotik**. Dort sind die Bögen nicht im Halbkreis gemauert, sondern bestehen aus zwei Kreisteilen, die im Schlussstein zu einer Spitze zusammenkommen. Das ist der Spitzbogen. Spitzbögen kannst Du im Kölner Dom sehen, aber auch schon am Ende der Romanik wie hier an der Severinstorburg.

Würfelkapitell in Sankt Georg

Anders bauen als die Römer

Kaiser Karl der Große (747–814) verwendete vor 1.200 Jahren gerne echte römische Säulen in seinen Bauwerken. Die Zeit der Romanik beginnt, als die Menschen zusätzliche Bauformen entwickelten, die es bei den Römern nicht gab. Das Würfelkapitell ist eine solche Erfindung. Zum ersten Mal tauchte es im Jahr 1010 in Hildesheim in der Sankt Michaelskirche auf. Du kannst also sagen, dass mit dem Würfelkapitell die Epoche der Romanik anfing. Sie dauerte so lange, bis wieder neue Bauformen wie der Spitzbogen aufkamen.

Adlerkapitell in Sankt Georg

Würfel, Blätter, Ranken

Der Kopf einer Säule oder eines Pfeilers, das Kapitell, kann ganz unterschiedlich aussehen. Zu Beginn der Romanik ging es um möglichst klare und einfache Formen. So entstand das Würfelkapitell. Ungefähr 150 Jahre später wuchsen flach anliegende Blätter aus den schmal wie ein Kelch gewordenen Steinblöcken. Das sind sogenannte Kelchblockkapitelle. Und zum Ende der Romanik sprießt es an allen Ecken und Kanten, bis sich im Dickicht von Ranken und Blättern Menschen, Tiere oder Fabelwesen verirren. An der Form romanischer Kapitelle kannst Du also erkennen, wann sie ungefähr gemacht wurden.
Je einfacher, desto älter sind sie. Und je mehr aus dem Steinblock herauswächst, desto jünger ist ein Kapitell.

ZEITZEUGE

Römischer Kaiser

„Ich bin Bruno von Sachsen. Ich habe die Kirche Sankt Pantaleon in Köln bauen lassen. Das war um das Jahr 955. Damals hatte die Romanik noch gar nicht richtig begonnen. Mein Bruder Otto hatte mich zum Stadtherrn und Erzbischof von Köln gemacht. Das konnte er, weil er der Kaiser war. Otto ließ sich ‚römischer Kaiser' nennen, denn er wollte herrschen wie die alten Römer. Als mein Bruder einmal vier Jahre lang in Rom beim Papst war, da war ich sein Stellvertreter. Stadtherr in Köln und Vizekaiser – das waren nach mir viele Kölner Erzbischöfe. Ottos Schwiegertochter, Kaiserin Theophanou aus Byzanz, hat meine Pantaleonskirche 30 Jahre später schöner und größer weiterbauen lassen."

Erzbischof Bruno I. (925–965)

An diesem Grundriss siehst Du, dass die 1.000 Jahre alte Kirche Sankt Maria im Kapitol der Geburtskirche in Jerusalem nachempfunden ist: Denn der Grundriss der Geburtskirche (ROT) passt genau in den Grundriss der Kölner Kirche.

Das sieht doch aus wie …

Bauherren wollen mit ihren Gebäuden oft zeigen, welche Macht und Bedeutung sie selbst haben. In den ersten hundert Jahren der Romanik ahmten sie daher oft Bauwerke anderer berühmter Leute nach. Ab circa 1150 ging es aber immer mehr darum zu zeigen, wer es besser machte als die anderen.

Ein Kleeblatt aus Stein

In Sankt Maria im Kapitol ist alles rund, selbst die Wände um den Chor. Mit „Chor" ist nicht eine Gruppe von Sängern gemeint, sondern so heißt im Kirchenbau der Raum, der den Hauptaltar umgibt und der früher meist nur den Priestern offen war. In Sankt Maria im Kapitol sieht der Chor von oben aus wie ein Kleeblatt und heißt tatsächlich „Kleeblattchor". Das Fachwort lautet „Trikonchos". „Konche" ist ein halbrunder Gebäudeteil und „tri" heißt drei. Die Drei ist eine besondere Zahl: Drei Wünsche gewährt die Fee im Märchen, drei heilige Könige liegen im romanischen ◆ **Schrein** im Dom und mit den drei Namen des Vaters, des Sohnes und des Heiligen Geistes beginnen die Christen ihr Gebet. Auch die Kirchen Groß Sankt Martin und Sankt Aposteln haben Kleeblattchöre.

Bethlehem in Köln

Vielleicht war es der römische Kaiser Justinian, der vor 1.500 Jahren in Bethlehem, dem Geburtsort Jesu, eine Kirche mit Trikonchos bauen ließ. Dieser Kleeblattchor passt exakt in Sankt Maria im Kapitol. Die Wände der „echten" Geburtskirche stünden genau an der Stelle, wo Du in Köln die **ARKADEN** – das sind die Bogenreihen, die von Pfeilern oder Säulen getragen werden – des Kleeblattchors siehst. Sankt Maria im Kapitol ist also der Kirche in Bethlehem nachempfunden. Für die Menschen im Mittelalter hieß das: Bethlehem ist in Köln! Sankt Maria im Kapitol ist speziell Maria als der Mutter Jesu geweiht. Sie ist die Kirche der „Theotokos", das heißt: „die Gottesgebärerin".

Kaiser wie wir

„Wir sind Ida und Herimann. Wir haben Sankt Maria im Kapitol bauen lassen. Unser Vater hieß Ezzo. Unsere Mutter Mathilde war die Tochter Kaiser Ottos II. und der Kaiserin Theophanou. Wir sind Kaiserenkel. Darauf sind wir stolz. Schade, dass mit Kaiser Konrad seit 1024 nicht mehr unsere Familie regiert. Wir haben deshalb Sankt Maria im Kapitol an vielen Stellen so aussehen lassen wie die Bauwerke anderer Kaiser. Die übereinandergestellten Säulenreihen der Empore findest Du zum Beispiel acht Mal genauso in der Kapelle, die Kaiser Karl der Große vor über 1.200 Jahren in Aachen bauen ließ. Kaiser Konrads neuen Dom in Speyer haben wir in den Seitenschiffen und in der ◆ **Krypta** nachgebaut."

Die Geschwister ◆ **Äbtissin** *Ida (vor 1025–1060) und Erzbischof Heriman II. (995–1056)*

Ein römischer Tempel

Vor circa 1.800 Jahren bauten die Römer in Köln einen Tempel, der dem Regierungstempel auf dem Kapitol, einem der sieben Hügel im antiken Rom, glich. Die Stiefurgroßmutter Kaiser Karls des Großen hieß Plektrudis und sie wandelte vor mehr als 1.300 Jahren die Ruinen dieses Kölner Tempels zu einer Kirche um. Das war dann die Kirche „Maria im Kapitolstempel". Die heutige Kirche hieße besser „Sankt Maria auf dem Kapitol", denn sie steht auf dem ◆ **Podium** des alten Römertempels.

Grab der Plektrudis

Römisches Vorbild

Zwischen 1020 und 1030 entstand unter Erzbischof Pilgrim direkt an der Kölner Römermauer die Kirche „Sankt Paulus und alle Apostel". Ihr Vorbild steht bis heute in Rom: „Sankt Paul vor den Mauern". Sie wurde vor 1.700 Jahren von Kaiser Konstantin dem Großen gegründet. Die heutige, spätromanisch ausgebaute Kölner Kirche nennen wir nur noch „Sankt Aposteln".

Sankt Aposteln

Sankt Aposteln mit der Kölner Römermauer davor

Das Bauteam

In einem Fenster in Sankt Kunibert kannst Du sehen, wie Engel tief unten auf dem Meeresgrund über dem toten Papst Clemens I. eine Kirche errichten. Wer aber baute die romanischen Kirchen wirklich?

Glauben, hoffen, schenken

„Wir waren zu sechst: der ◆ **Stiftsherr** Johan, der Gelehrte Francis und dann wir vier, die wir unsere Namen nicht nennen – ein Ehepaar und wir zwei jungen Leute. Ob wir Geschwister waren und das Paar unsere Eltern? Das tut nichts zur Sache. Wir haben Sankt Kunibert zu seiner Kirche Fenster geschenkt – ihm und den Heiligen Ursula, Cordula, Katharina und Johannes dem Täufer. Findest Du diese Fenster schön und siehst Du die Heiligen und uns darin, dann denkst Du gut von uns. Dann gehen Deine Gedanken durch die Fenster an die Heiligen. Und dann werden die Heiligen einst sagen: ‚Diese Leute – wir – haben einen Platz im Himmel verdient.' Daran glauben wir! Darauf hoffen wir!"

Die Stifter der Fenster von Sankt Kunibert (um 1220/30)

Wer ...?

„Architekt" bedeutete im Mittelalter etwas völlig anderes als heute. Das lateinische Wort „architectus" bezeichnete den gebildeten Bauherrn. Meist war das ein Priester, der eine Kirche in Auftrag gab und grundsätzlich bestimmte, wie sie aussehen sollte. In diesem Sinne könnte man von Francis, Johan und den anderen als „Architekten" der Fenster in Sankt Kunibert sprechen. Derjenige, der tatsächlich eine Kirche baute, wurde „opifex" oder „magister operis" genannt. Das heißt „Werkmacher" beziehungsweise „Meister des Werkes" und ist mit dem heutigen Bauingenieur vergleichbar.

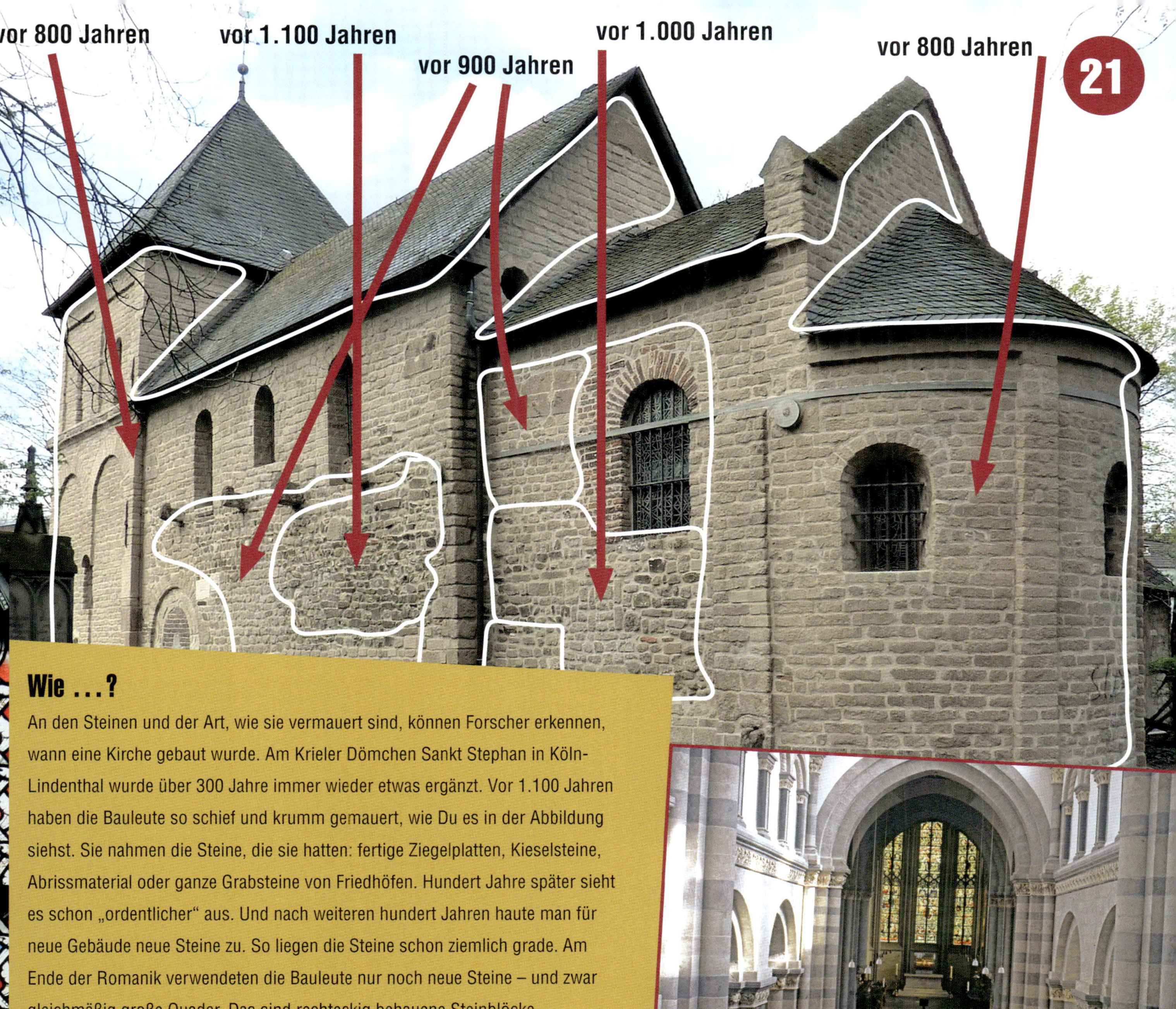

Wie ...?

An den Steinen und der Art, wie sie vermauert sind, können Forscher erkennen, wann eine Kirche gebaut wurde. Am Krieler Dömchen Sankt Stephan in Köln-Lindenthal wurde über 300 Jahre immer wieder etwas ergänzt. Vor 1.100 Jahren haben die Bauleute so schief und krumm gemauert, wie Du es in der Abbildung siehst. Sie nahmen die Steine, die sie hatten: fertige Ziegelplatten, Kieselsteine, Abrissmaterial oder ganze Grabsteine von Friedhöfen. Hundert Jahre später sieht es schon „ordentlicher" aus. Und nach weiteren hundert Jahren haute man für neue Gebäude neue Steine zu. So liegen die Steine schon ziemlich grade. Am Ende der Romanik verwendeten die Bauleute nur noch neue Steine – und zwar gleichmäßig große Quader. Das sind rechteckig behauene Steinblöcke.

Heller Trachyt in den Mauern von Sankt Andreas

Womit ...?

Im Untergrund von Köln gibt es nur Sand oder Kies. Allein damit kann man nicht bauen. Die Bauleute im frühen Mittelalter nutzten deshalb viele Steine, die schon die Römer verwendet hatten: Sie vermauerten roten Sandstein von Lahn und Mosel, hellen Trachyt vom Siebengebirge, Grauwacke aus dem Bergischen Land oder den anthrazitfarbenen Basalt aus der Eifel kunterbunt gemischt. Manchmal ließen sie sogar ganze Skulpturen in diese „Flickenmauern" ein. Ganz besonders kostbar waren Steine aus der römischen Wasserleitung, die von der Eifel nach Köln verlief. Darin hatte sich im Laufe der Jahrhunderte Kalk abgelagert. Diesen Kalksinter oder „Eifelmarmor" verbauten sie nur an ganz besonderen Stellen, denn von ihm gab es nicht viel und poliert sah er aus wie echter Marmor.

Und wer hat jetzt die Kirchen gebaut?

Die Antwort ist: Wir wissen es nicht! Die Maurer, Steinmetze, Zimmerleute, Putzer, Glaser und all die vielen Tagelöhner, die den Mörtel anmischten, die Kräne bedienten, die Steine schleppten und so fort, sind unbekannt. Wie bei den Stiftern der Fenster in Sankt Kunibert waren ihre Namen weniger wichtig als das, was sie taten. Sie bauten eine Kirche zu Ehren Gottes und der Heiligen und hofften, damit ihren Seelen Gutes zu tun. Nur in der ◆ **Krypta** von Sankt Georg hat sich ein Baumeister an einem Kapitell verewigt: „herebrat me fecit" – „Herebrat hat mich gemacht".

Eine typisch romanische Kirche ...

gibt es grundsätzlich nicht. Jede Kirche sieht etwas anders aus. Aber es gibt einzelne Bauteile, die bei vielen Kirchen gleich sind. Grundriss (links) und Aufriss (rechts) zeigen Dir, wie eine romanische Kirche aussehen kann.

Das Querhaus

Dieses verläuft im 90-Grad-Winkel zum Langhaus und bildet den Übergang vom Chor zum Langhaus. Zusammen mit Langhaus und Chor bildet das **Querhaus** im Grundriss eine Kreuzform. Die Stelle, an der sich Quer- und Langhaus durchkreuzen, nennen Experten **Vierung**.

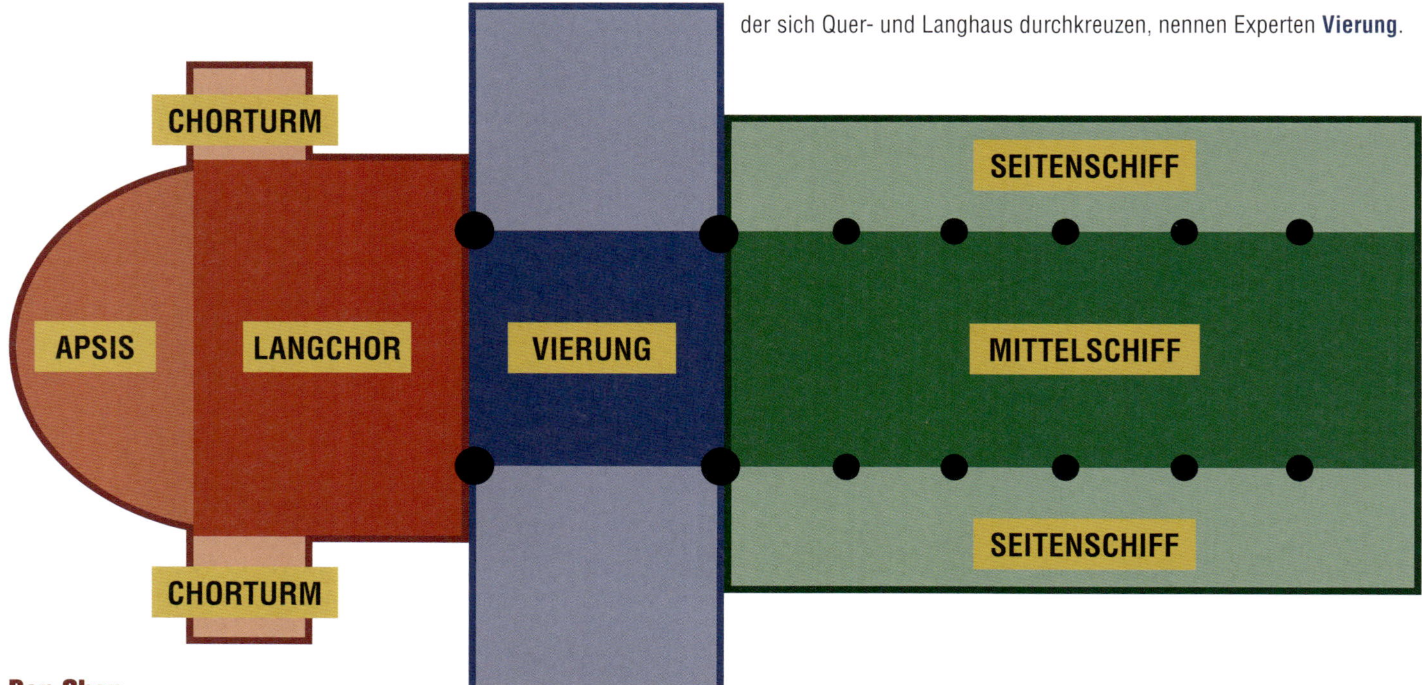

Der Chor

Bestimmt kennst Du einen Chor als eine Gruppe von Sängern. Daher kommt auch der Name dieses Raums in einer Kirche, denn früher beteten hier – meist singend – die Mönche und Priester. Im Kirchenbau beschreibt das Wort den Raum, der den alten Hauptaltar in der Kirche umgibt. Der **Chor** wird unterteilt in den **Langchor**, die **Chortürme** und die **Apsis**. Letztes ist ein an den Langchor angrenzender halbkreisförmiger Raumteil mit ◆ **Altar**, der meist von einer Halbkuppel überdeckt ist.

Das Langhaus

Wie der Name schon sagt, ist das Langhaus der lang gestreckte Bauteil einer Kirche. Es besteht aus dem **Mittelschiff** und **Seitenschiffen**. Mit „Schiff" bezeichnen Experten bei einer Kirche einen durch Stützen abgetrennten Längsraum. Das Mittelschiff ist bei den Kölner romanischen Kirchen meist doppelt so breit und so hoch wie die Seitenschiffe. Hier stehen heute die Kirchenbänke, auf denen die Gemeinde beim Gottesdienst Platz nimmt.

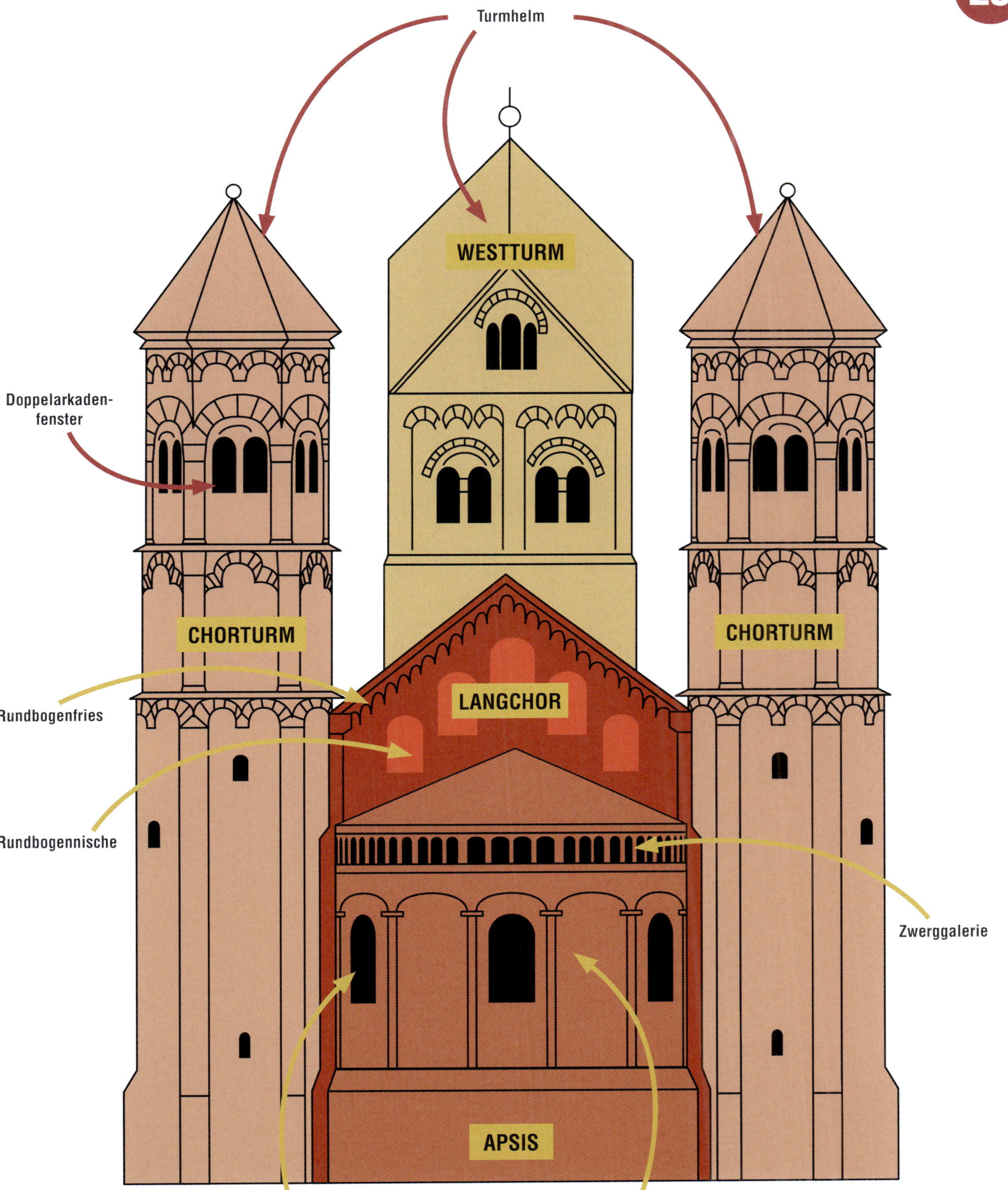
Turmhelm
WESTTURM
Doppelarkaden-
fenster
CHORTURM
CHORTURM
LANGCHOR
Rundbogenfries
Rundbogennische
Zwerggalerie
APSIS
Rundbogenfenster
Rundbogenfeld

Unterkirchen – über die Treppe in die Römerzeit

Manchmal kannst Du nicht nur den romanischen Kirchenbau besichtigen, sondern auch das, was darunter liegt. Meistens führt eine Treppe zu einer Unterkirche, die ganz unterschiedlich gebaut sein kann. Weil Köln eine Stadt ist, die um 50 nach Christus, also vor rund 2.000 Jahren, durch die Römer gegründet wurde, findet man Bauten aus der Römerzeit unter einigen Kirchen. Aber auch andere Besonderheiten gibt es dort.

Wo die Römer schwammen – unter Groß Sankt Martin

Bei Ausgrabungen unter der Kirche Groß Sankt Martin fanden ◆ **Archäologen** mehrere Mauerreste, die zu einem Sportplatz der Römerzeit gehörten. An der Ostseite dieses Platzes lag ein etwa 1,70 Meter tiefes Schwimmbecken. Als der Sportplatz nicht mehr genutzt wurde, bauten die Römer darüber vier Speicherhallen um einen rechteckigen Hof. Genau auf den Mauern einer der vier Hallen errichteten später die Kölner das ◆ **Fundament** für die Kirche Groß Sankt Martin.

Wo die Römer ihre Tempel bauten – unter Sankt Maria im Kapitol

Wie Du bereits gelesen hast, bauten die Römer in Köln einen Tempel, der ihrem Haupttempel, dem Kapitol in Rom, glich. Hier verehrten sie die Götter Jupiter, Juno und Minerva. Der Tempel lag an der Stelle, an der heute die Kirche Sankt Maria im Kapitol steht. Wie bei Groß Sankt Martin sind die Mauern des Tempels das Fundament für die Kirche.

Ein Modell des früheren Tempels in Köln, der heute das Fundament von Sankt Maria im Kapitol ist.

Wo der römische Bauernhof stand – unter Sankt Pantaleon

Auch unter dieser Kirche befinden sich Überreste aus der Römerzeit. Hier fanden Archäologen Spuren eines römischen Gutshofes, der sich nahe der südwestlichen römischen Stadtmauer befand. Diese „villa suburbana“, so nennen Archäologen solche Bauten vor der Stadt, war sehr gut ausgestattet: Sie hatte eine **FUSSBODENHEIZUNG** (Hypokaustenanlage) und eigene Badeanlagen (Thermen). Die Wände der Räume hatten Wandmalereien und die Böden waren mit ◆ **Mosaiken** belegt. Im 4. Jahrhundert nach Christus verließen die Römer diese Villa nach einem kriegerischen Einfall der Franken.

Wo man noch heute Gottesdienst feiert – die ◆ Krypta von Sankt Severin

Nicht nur römische Bauten findest Du unter den Kirchen, oft gibt es hier auch Heiligengräber. Die Räume mit Heiligengrab verfügen über einen oder mehrere Gänge, damit Menschen um das Grab herumgehen konnten. In Sankt Severin entstand als „Anbau“ an das Heiligengrab eine Hallenkrypta mit drei Teilen, den sogenannten „Schiffen“. Auch heute noch wird die Krypta für Gottesdienste genutzt.

Wo die Römer ihre Toten begruben – unter Sankt Severin

Die Severinstraße war in der römischen Zeit eine der Hauptverkehrsstraßen von Köln nach Bonn. Also lag sie außerhalb der Stadtmauern. Entlang solcher Straßen lagen die Friedhöfe, denn die Toten durften bei den Römern nicht innerhalb der Stadtmauern beerdigt werden. Dort, wo heute Sankt Severin steht, gab es seit der Stadtgründung 50 nach Christus bis Anfang des 6. Jahrhunderts, also für rund 500 Jahre, einen solchen Friedhof. Die Sarkophage aus Stein, in denen früher Tote beerdigt wurden, sind heute noch erhalten und unter der Kirche zu besichtigen.

„Ich bin als Archäologe bei der Stadt Köln und für den Schutz der im Boden oft unsichtbaren Denkmäler zuständig. Dazu gehören auch die Überreste der Vergangenheit unter den romanischen Kirchen. Sie sind Zeugnis für die lange Geschichte bis in die römische Zeit und lassen erkennen, dass den Menschen diese Orte seit 2.000 Jahren immer besonders wichtig waren.“

Dr. Dirk Schmitz,
stellvertretender Leiter des Römisch-Germanischen Museums/Archäologische Bodendenkmalpflege Köln

Kirche ist nicht gleich Kirche

Den Alten Dom fand man Mitte des 13. Jahrhunderts unmodern und baute den heutigen Dom in gotischem Stil.

Im Mittelalter sagten die Menschen, dass Köln so viele Kirchen habe, wie es Tage im Jahr gibt. Insgesamt waren es wohl etwas mehr als 300 Kirchen. Sie waren groß oder klein, prachtvoll oder einfach ausgestattet und hatten unterschiedliche Funktionen.

Die Hauptkirche: der Dom

Ein Dom, egal ob in Köln oder anderswo, ist immer Hauptkirche im Erzbistum. Im Mittelalter war der Erzbischof nicht nur der „Chef" aller Kirchen im Kölner ◆ **Erzbistum**, sondern er war auch der Herrscher der Stadt. Deswegen feierte er den Gottesdienst in der größten Kirche, dem Dom. In der Zeit der Romanik hieß er ◆ **Alter Dom**. Im heutigen Dom organisiert das Domkapitel, eine Gemeinschaft von Geistlichen, Gottesdienste sowie Führungen und verwaltet das Gebäude mit seinen Kunstwerken. Der Kölner Dom wird von rund sechs Millionen Menschen im Jahr besucht.

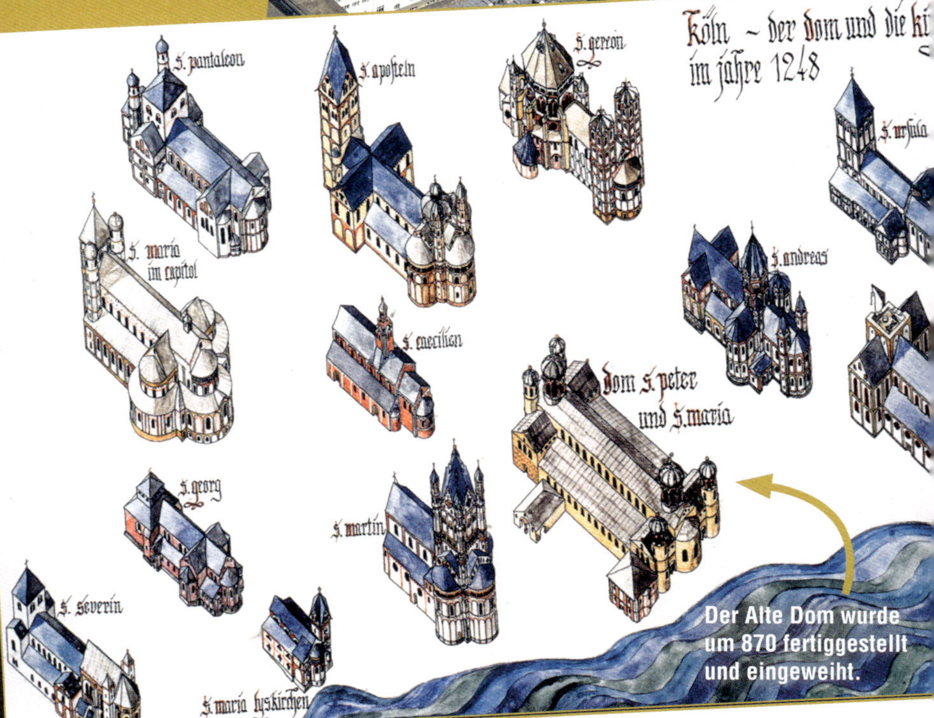

Der Alte Dom wurde um 870 fertiggestellt und eingeweiht.

So vertraut wie Dein Wohnzimmer: die Pfarrkirche

Sankt Maria Lyskirchen war bereits im Mittelalter eine Pfarrkirche. Das Gebiet der Stadt Köln ist heute wie damals in feste Bezirke mit jeweils einer eigenen Kirche eingeteilt, den sogenannten Pfarreien. Ein Pfarrer steht diesem Bezirk vor und feiert in der Pfarrkirche die Messen. Früher befand sich in der Nähe der Pfarrkirche auch immer der Friedhof, auf dem die Menschen der Pfarrei begraben wurden. Die alten Kirchenfriedhöfe von Köln sind schon lange mit Straßen und Plätzen überbaut. Aber auf dem Land findest Du noch Pfarrkirchen mit eigenem Friedhof.

Bete und arbeite: die Klosterkirche

In Köln gab es auch Kirchen, die von Männern und Frauen genutzt wurden, um ein auf Gott gerichtetes Leben zu führen: die Klosterkirchen. Sie waren das Zentrum von einer großen Anlage, zu der Wohn- und Wirtschaftsgebäude, Gärten und manchmal Felder gehörten. Dort lebten und arbeiteten Mönche oder Nonnen nach gemeinsamen Regeln. Sie besaßen kein Geld und blieben ihr ganzes Leben im Kloster. Klöster waren im Mittelalter die Zentren der Bildung. Manche Klöster hatten sogar eine Schule, in der Kinder lesen, schreiben und singen lernten. Auf Latein!

Die Klosteranlage um Sankt Pantaleon, 1638

Für die feine Gesellschaft: die Stiftskirchen

Die meisten der romanischen Kölner Kirchen waren Stiftskirchen. Die Stifte – denk jetzt bitte nicht an Schreibgeräte – waren mit ihren verschiedenen Gebäuden und Gärten den Klöstern ähnlich, denn auch hier feierten die ◆ **Stiftsherren** und ◆ **Stiftsdamen** mehrmals am Tag Gottesdienst. Und auch der Stiftsbereich war mit einer Mauer umgeben. Die Stiftsangehörigen konnten aber freier leben, durften Geld oder Besitz haben und konnten aus der Gemeinschaft wieder austreten. Sie kamen aus sozial hochstehenden Familien und waren sehr gebildet. Die Stiftsherren waren vielfach Professoren an der mittelalterlichen Universität.

Jähes Ende!

Diese Vielfalt der Kölner Kirchen fand vor etwa 200 Jahren ein jähes Ende. Um 1800 besetzten französische Soldaten die Stadt und das Leben in Köln änderte sich. Die Stadt und ihre Gesellschaft modernisierten sich. Die meisten Klöster und Stifte wurden aufgelöst. In der Folge wurden die Kirchen verkauft und abgerissen. Die Kunstwerke in den Kirchen verschwanden, die Gärten wurden mit Häusern bebaut. Die Kirchen, die nicht abgerissen wurden, sind seitdem Pfarrkirchen.

Modell von Sankt Gereon mit Stiftsgebäuden und umgebender Mauer

Leben mit den Toten

Die Menschen im Mittelalter wollten Gott und den Heiligen nahe sein. Deshalb ließen sie sich wenn möglich in den Kirchen bestatten.

Das Grab der Theophanous ist heute noch in Sankt Pantaleon. Der Sarkophag ist von 1960.

ZEITZEUGE

Mir nahe

„Ich bin Theophanou. Geboren wurde ich um 960 im goldenen Byzanz. Das ist heute Istanbul in der Türkei. Mit zwölf Jahren heiratete ich den ebenso jungen Otto, Sohn des Westkaisers Otto der Große. Wir wurden Kaiser und Kaiserin. Wir liebten uns und hatten einen Sohn. Sankt Pantaleon in Köln war meine Lieblingskirche. Hier wurde mein Heiliger, der heilige Albinus von Rom, bestattet. Deshalb wollte auch ich hier begraben sein. Als unser Sohn Otto III. 1002 mit 21 Jahren starb, wurde er im ◆ **Westwerk** Sankt Pantaleons aufgebahrt. Da war er mir nah. Auch Erzbischof Bruno, der Onkel meines Mannes, hat hier sein Grab. Sein Sarkophag steht seit über 1.000 Jahren in der ◆ **Krypta**."

Kaiserin Theophanou (circa 955–991)

Hier siehst Du die Confessio unter Sankt Severin.

Bei Fuß

Als Theophanou 991 starb, war es Brauch, bedeutende Leute im Untergrund der Kirchen zu bestatten. Das geschah meist in sogenannten Bodengräbern, wie Du es in Alt Sankt Heribert in Köln-Deutz mit dem ersten Grab des Erzbischofs Heribert heute noch sehen kannst. Im Fall eines Heiligengrabes baute man meist eine sogenannte Confessio. Wörtlich bedeutet das „Bekenntnis" oder „Glaubensbekenntnis". Im Kirchenbau ist damit eine begehbare Grabkammer unter dem ◆ **Altar** gemeint. Damit die Menschen in der Grabkammer nicht oberhalb des Kopfes, also „über" dem Heiligen, standen, konnten sie durch Stollengänge an das Fußende des Grabes gelangen.

Ans Licht

In der Zeit der Romanik ging man dazu über, die Gräber in den Innenraum der Kirchen zu verlegen, damit mehr Menschen sie sehen konnten. Zum einen wurden Hochgräber gebaut, also frei stehende Sarkophage, um die nun größere Gruppen herumgehen konnten. Sollte der Glanz der Heiligen aber in die ganze Kirche strahlen, dann wurden die sterblichen Überreste in kostbare ◆ **Schreine** aus Gold und Silber, Edelstein und ◆ **Email** gelegt. Romanische Schreine kannst Du in Sankt Pantaleon, Sankt Ursula, Neu Sankt Heribert in Köln-Deutz und im Kölner Dom sehen. Die Gebeine in den Schreinen wurden in glitzernd bunte Seidenstoffe gehüllt, die Heiligen waren also bekleidet.

Der Ätheriusschrein in Sankt Ursula: Ätherius war der Bräutigam der heiligen Ursula.

Auf den Altar

Die Heiligen wurden in den Schreinen „zur Ehre der Altäre erhoben". Das ist wörtlich gemeint. In einem Bild in Sankt Severin kannst Du sehen, wie der alte Severinusschrein auf dem Altar der Kirche steht. Sicher war er dort nicht immer, sondern nur zu bestimmten Zeiten zu bestaunen. Meist wurde er hinter dem Altar in dem einsehbaren Gitterkasten bewahrt. Dieser rund 1.000 Jahre alte „Tresor" – es gab auch früher schon Diebe! – steht auf einem Podest. Die Menschen können darunter hergehen, um das Heil des Heiligen auf sich „regnen" zu lassen.

Das über 1.000 Jahre alte Emailbild des heiligen Severin

Prozession mit dem Schrein des heiligen Severin, 2017

Auf die Straße

Manche der Heiligen trugen die Kölner in den Schreinen durch die Stadt. Mit dem Schrein des heiligen Severin macht man das heute noch. Severin ist der Kölner Wetterheilige. Er wurde schon bei Dürre, unaufhörlichem Regen oder gegen Pest und Cholera in ◆ **Prozessionen** um Hilfe gebeten.

Ins Feuer

Der heutige Severinusschrein ist erst 200 Jahre alt. Der alte romanische Schrein wurde 1795 eingeschmolzen. Ein Jahr zuvor kamen Soldaten der ◆ **Französischen Revolution** nach Köln und die Stiftsgemeinschaft von Sankt Severin musste ihr Gold und Silber als eine Art Steuer an die Franzosen abgeben. Nur eine Emailplatte mit dem Bild des Severin ist vom alten Schrein erhalten.

Et hillije Kölle – das heilige Köln

Was ist die **Sancta** Colonia?

Wieso sind Reliquien so wichtig?

Wie heißen die wichtigsten **Heiligen** von Köln?

Welche Aufgabe hat ein **Stadtpatron**?

Hochverehrt: Reliquien

Dreikönigenschrein im Kölner Dom

Im Mittelalter wurde Köln „Sancta Colonia" genannt. Übersetzt heißt das „heiliges Köln". Und weißt Du, wieso Köln so genannt wurde? Das verraten wir Dir hier.

Was ist eine Reliquie?

Das lateinische Wort „reliquiae" bedeutet Zurückgelassenes oder Überbleibsel. Meistens waren es Knochen von Heiligen. Aber auch Gebrauchsgegenstände der Heiligen können Reliquien sein: beispielsweise ein Bischofsstab, ein Gewand oder ein Kamm. Diese Kostbarkeiten werden in besonders wertvollen Behältnissen aufbewahrt – in ◆ **Schreinen** oder Reliquiaren. Da Köln im Mittelalter besonders viele Reliquien besaß, wurde es das heilige Köln genannt.

Die Spitzenreliquien von Köln

Im Kölner Dom lagern zwei der wichtigsten Reliquien von Köln: die Gebeine der Heiligen Drei Könige und der Bischofsstab von Petrus. Erzbischof Rainald von Dassel brachte 1164 die Überreste der Heiligen Drei Könige in die Rheinmetropole. Heute befinden sie sich im Dreikönigenschrein. Als Apostel begleitete Petrus Jesus auf seinem Lebensweg. Er wurde später der erste Bischof von Rom. In der Schatzkammer des Kölner Doms wird sein schön geschnitzter Stab aufbewahrt.

Petrusstab

Dieses Kreuzreliquiar stammt aus dem 12./13. Jahrhundert und befindet sich in der Domschatzkammer.

Wieso sind Reliquien wichtig?

Die Menschen im Mittelalter glaubten, dass ihnen die Reliquien ihrer Heiligen Heil und Gutes bringen würden. Daher hatten sie auch keine Angst, die heiligen Knochen zu berühren. Auch war es ihnen gar nicht wichtig, ob der heilige Mensch tatsächlich gelebt hatte oder nicht.

Maurinusschrein in Sankt Pantaleon

Hochchor mit Schrein des heiligen Severin in Sankt Severin

Aus dem Severinusschrein stammt diese hölzerne Reliquienlade, in der sich vermutlich die Gebeine des heiligen Severin befinden.

Besondere Behältnisse

Die Reliquien in den romanischen Kirchen von Köln wurden in kostbare Tücher gehüllt und in große Holzkästen gelegt. Diese Holzkästen wurden in aufwendiger Arbeit mit Gold, Edelsteinen und ◆ **Emails**, den farbigen Auflagen auf den Edelmetallen, verziert. Meist sehen die Edelmetallschreine von außen wie kleine Häuser oder Kirchen aus. Die Schreine stehen gut sichtbar in der Kirche, oft werden sie hoch auf Podeste beim ◆ **Altar** gestellt. Das kannst Du heute in Sankt Ursula, Sankt Pantaleon oder Sankt Severin noch sehen.

„Ich bin gerne Reliquienbeauftragte, weil ich es faszinierend finde, dass die romanischen Kirchen auf den Gräbern der Heiligen erbaut und ihnen zu Ehren großartige goldene Schreine geschaffen wurden. Es ist wie ein Blick durch ein Schlüsselloch: Hinter der Tür liegt eine jahrtausendealte Geschichte. Ich kann gut verstehen, dass die Heiligen für die Menschen im Mittelalter Vorbilder für ihren Glauben und ihr Leben waren. Sie haben sie deshalb oft besucht und lange bei ihnen gebetet."

Dr. Anna Pawlik,
Reliquienbeauftragte
des Erzbistums Köln

Die Heiligen von Köln

Kennst Du die wichtigsten Heiligen von Köln? Nein? Das macht nichts. Hier stellen wir sie Dir vor.

Drei weise Männer: Caspar, Melchior und Balthasar

Die Heiligen Drei Könige waren Sterndeuter aus dem Orient. Eines Tages sahen sie einen großen Stern am Himmel, dem sie folgten. So kamen sie in die Stadt Bethlehem und fanden in einem Stall mit Ochs und Esel Maria, Josef und das neugeborene Christuskind. Als zukünftigem König brachten sie ihm Gold, Weihrauch und Myrrhe mit. Sie waren die Ersten, die Jesus gesehen haben.

Eine mutige Frau: Ursula

Ursula war eine wunderschöne Königstochter. Ein gegnerischer König drohte ihrem Vater mit Krieg, wenn sie nicht seinen Sohn heiratete. Da der Sohn aber kein Christ war, bat Ursula um drei Jahre Bedenkzeit und ging zusammen mit ihren Freundinnen auf eine Pilgerreise nach Rom. Der Legende nach waren es 11.000 Freundinnen! Auf der Rückreise begegneten Ursula und ihre Freundinnen jedoch dem Kriegervolk der Hunnen. Weil der Hunnenkönig Ursula nicht für sich haben konnte, erschlug er mit seinen Barbaren Ursula und alle ihre Freundinnen.

Ein standhafter Mann: Gereon

Neben Ursula verehrten die Menschen im Mittelalter vor allem den heiligen Gereon. Er kam aus einer Gegend in Ägypten und war Soldat unter den Römern, die viele Götter anbeteten. Doch Gereon war Christ und weigerte sich, ebenso wie seine Freunde, die römischen Götter zu verehren. Die Römer waren darüber so erbost, dass sie Gereon und seine Gefährten enthaupteten und ihre Körper in einen Brunnen warfen – hier in Köln an dem Ort, an dem später die Kirche Sankt Gereon gebaut wurde.

Beschützer der Stadt

Die Heiligen Drei Könige, Ursula und Gereon sind die Kölner Stadtpatrone – das lateinische Wort „patronus" bedeutet Schutzherr. Die Kölner glaubten im Mittelalter, dass diese Heiligen die Stadt vor großem Unheil bewahrten. An der Verehrung ihrer Reliquien kannst Du sehen, dass es den Menschen nicht wichtig war, ob die Überreste tatsächlich echt waren oder nicht. Vielmehr war es den Menschen bedeutsam, dass es die Reliquien gab, denn sie glaubten an deren Wirkmacht.

Der ◆ Abt von Sankt Pantaleon berichtet

„Als Rudolph von Sankt Trond bin ich bekannt. Ich war Zeuge, als im Jahr 1121 an der Kirche Sankt Gereon nach Reliquien gegraben wurde. In einer Nacht im Oktober stießen Mönche auf einen sehr alten Steinsarg, in dem sie die Überreste einer männlichen Leiche fanden, deren Kopf mit einem Schwert abgetrennt worden war. Der Leichnam war mit Seidenhemd, kostbaren Gewändern und gestickten Stoffschuhen bekleidet. Auf seiner Brust lag ein goldverziertes Kreuz. Die Ausgräber entdeckten weitere Särge mit ähnlichem Inhalt. Tag und Nacht bewachten die Kölner die Särge. Etwa einen Monat später kam der Kölner Erzbischof in die Stadt und nun öffnete man die Gräber erneut. Doch man fand nur noch Staub. Die Überreste trug man in die Kirche. Seitdem besitzt Köln die Reliquien des heiligen Gereon."

Rudolph von Sankt Trond (um 1070–1138)

Sankt Martin
in Oberzündorf

Sankt Nikolaus
in Westhoven

Die kleinen romanischen Kirchen

Alt Sankt Mauritius in Buchheim

Sankt Severin in Lövenich

Welches sind die **kleinen** romanischen Kirchen?

Was ist der **Unterschied** zwischen den großen und den kleinen romanischen **Kirchen**?

Wer hält das Böse von einem **Taufbecken** fern?

Die kleinen romanischen Kirchen

Außer den zwölf großen romanischen Kirchen gibt es auch zwölf kleine romanische Kirchen in Köln. Wenn wir die Kirchen dazuzählen, von denen nur noch der Turm erhalten ist, dann kommen wir sogar auf 16. Kurios: Die größte der kleinen romanischen Kirchen ist größer als die kleinste der großen.

Die Kirche im Dorf

Köln wurde in den vergangenen 130 Jahren immer größer. Die kleinen romanischen Kirchen stehen meist in ehemaligen Dörfern, die heute zu Köln gehören. Man sagt, diese Dörfer wurden „eingemeindet". 1888 geschah das mit den heutigen Stadtteilen Deutz, Lindenthal und Niehl. 1914 wurden Mülheim, Buchheim, Dünnwald und Flittard eingemeindet, 1922 Rheinkassel und Merkenich. 1975 kamen Rodenkirchen, Lövenich, Esch, Westhoven, Zündorf und Heumar hinzu. In all diesen Stadtteilen gibt es kleine romanische Kirchen. Vielleicht wohnst Du ja dort. Schau doch mal, ob Du „Deine" Kirche findest!

Sankt Nikolaus in Dünnwald

Kann man Kirchen essen?

Vor gut 1.000 Jahren waren die meisten Dorfkirchen noch sogenannte Eigenkirchen. Das heißt: Ein Landbesitzer hatte seinen Dorfbewohnern eine Kapelle gebaut, in der ein von ihm bezahlter Priester Gottesdienste feierte. In Sankt Maria in Lyskirchen – der kleinsten der großen romanischen Kirchen – steckt diese Geschichte sogar noch im Namen. Auf einen Mann namens Lysolph geht wohl das erste Kirchlein an dieser Stelle zurück. Aus der „Kirche des Lysolph" wurde die „Lysolphkirche" und letztendlich „Lyskirchen". Zur Zeit der Romanik übernahmen die Stifte und Klöster diese Kirchen samt Dorf und Dörflern. Das nannte man „incorporatio" – Einverleibung. Manchmal gehörten einem Stift über hundert Kirchen. Auch Alt Sankt Maternus in Rodenkirchen dürfte aus einer Eigenkirche des 7. oder 8. Jahrhunderts hervorgegangen sein.

Alt Sankt Maternus in Rodenkirchen

Große Schwester, kleine Schwester

Das Kloster Knechtsteden und das Kölner Stift Sankt Gereon stritten sich 70 Jahre lang um Pfarrei und Kirche in Rheinkassel. Um 1220 entschied dann Erzbischof Engelbert von Berg, dass die vornehmen Adligen von Sankt Gereon die Amanduskirche besitzen sollten und nicht die Mönche von Knechtsteden. Als das klar war, ließen die Herren aus Köln der Kirche in Rheinkassel einen neuen Chor mit Türmen bauen. Dieser Chor sieht aus wie Sankt Gereon in Klein. „Die Kirche gehört uns!", hieß das. Und so blieb es dann die nächsten 600 Jahre.

Sankt Amandus in Rheinkassel

Alt Sankt Stephan („Krieler Dömchen") in Lindenthal

Schmutzige Wäsche

Der Eigentümer einer Kirche musste sich um Reparaturen, Reinhaltung und die Gottesdienste kümmern. Was aber, wenn er vor lauter Kirchen gar nicht alles schaffte? Oder nicht wollte? Früher glaubten die Menschen, dass sie nur in den Himmel kommen könnten, wenn sie jeden Sonntag in die Kirche gingen. 1666 fiel im Krieler Dömchen Sankt Stephan aber mehrfach die Messe aus, da sich die Dörfler und der ◆ **Patronatsherr** – das Stift Sankt Gereon – nicht einigen konnten, wer den Messwein zu bezahlen hatte. In einem Beschwerdebrief hieß es, dass auch schon seit mehr als zwei Jahren die Altardecken „ungewäschen mit höchster Unsauberkeit auff die Altären" lägen und verfaulten. So konnte und so durfte man keine Messe feiern!

Huch – romanisch!

Manchen der kleinen romanischen Kirchen sieht man es nicht sofort an, dass sie romanisch sind. Über Sankt Clemens in Mülheim hieß es lange, die Kirche stamme aus der Barockzeit. Nach dem Zweiten Weltkrieg entdeckte man unter dem abgeplatzten Putz typisch romanische ◆ **Rundbogenfriese**. Damit war klar: Sankt Clemens wurde nicht erst vor 300 bis 400 Jahren erbaut, sondern ist im Kern rund 800 Jahre alt! Ursprünglich war die Kirche viel kleiner und besaß nur ein Schiff. Erst in der Barockzeit kamen die Seitenschiffe hinzu. Seither war der Fries verdeckt. In Alt Sankt Heribert in Köln-Deutz sind nur noch das ◆ **Fundament** und die ◆ **Krypta** romanisch.

Sankt Clemens in Köln-Mülheim

Sankt Brictius in Merkenich

Passt!

Waren Kirchen zu klein geworden oder gefielen sie nicht mehr, dann wurden sie umgebaut, vergrößert, neu gebaut oder dem Zeitgeschmack entsprechend aufgehübscht. Von Alt Sankt Cornelius in Rath-Heumar steht heute nur noch der Turm. Nur noch die Apsis, eine halbkreisförmige Nische, gibt es von der alten Buchheimer Kirche Alt Sankt Mauritius. Das Langhaus von Alt Sankt Katharina in Niehl entstand erst in der ◆ **Gotik**. Und Sankt Martinus in Esch wurde im 16. Jahrhundert so verändert, dass man so recht nur noch am Turm oder an Teilen der Wände das Romanische entdeckt. Neben dem Turm von Sankt Brictius in Merkenich steht heute eine moderne Kirche.

Neu wie echt

Als im 19. Jahrhundert die großen Fabriken entstanden, waren Fortschritt und Mittelalter gleichermaßen beliebt. Viele Kirchen, die damals gebaut wurden, sehen extra aus wie aus dem Mittelalter. Der 800 Jahre alte Turm von Sankt Hubertus in Flittard etwa ist echt romanisch. Die ◆ **Basilika** aber nicht. Architekt Theodor Kremer hatte sich für die neuromanische Kirche die Zeit um 1220 zum Vorbild genommen. Das kannst Du zum Beispiel an den Säulenkapitellen erkennen. Innen schaut der Chor von Sankt Hubertus ein wenig aus wie der kleine Bruder von Sankt Aposteln. Andere neuromanische Kirchen in Köln sind Neu Sankt Heribert in Köln-Deutz oder Sankt Michael am Brüsseler Platz.

Sankt Aposteln

Sankt Hubertus in Flittard

Kapelle, Kirche, Dom?

Das Wort „Kirche“ war im Mittelalter ein Teekesselchen: Es bezeichnete einmal das Gebäude, zum anderen aber auch eine bestimmte Funktion dieser Kirche im Unterschied zur Kapelle. So hießen beispielsweise „Pfarrkirche“ nur die Gebäude, in denen getauft werden durfte und die einen Kirchhof hatten. Sankt Nikolaus in Westhoven war immer nur eine Kapelle, da dort zwar bestattet wurde, aber nicht getauft. Sankt Nikolaus in Dünnwald – die größte der kleinen romanischen Kirchen – war Pfarr- und Klosterkirche in einem. „Dom“ heißen eigentlich nur Bischofskirchen wie der Kölner Dom. Wenn die Lindenthaler und Niehler vom „Krieler“ oder „Niehler Dömchen“ sprechen, dann meinen sie, dass sie ihre alte Kirche so richtig fest ins Herz geschlossen haben. Die Rodenkirchener drücken das Gleiche aus, wenn sie Alt Sankt Maternus liebevoll ihr „Kapellchen“ nennen.

Von der Wiege …

In Sankt Hubertus in Köln-Flittard und Sankt Severin in Köln-Lövenich stehen noch die 800 bis 850 Jahre alten Taufbecken. Auch in der Kölner Antoniterkirche gibt es ein romanisches Taufbecken. Wie viele Kinder wurden hier wohl getauft? Die Becken sind rund und so tief, dass man die Kleinen einmal richtig ins Wasser tunken konnte. Oft kannst Du am Beckenrand vier maskenstarre Köpfe sehen. Sie symbolisieren alles, was vier ist: die Himmelsrichtungen, die Jahreszeiten oder die ◆ **Evangelisten**. Gleichzeitig halten die Köpfe in alle Himmelsrichtungen das Böse von dem Täufling fern. In Sankt Michael in Köln-Zündorf wurde ein solcher Glotzkopf über dem Eingang vermauert.

Romanisches Taufbecken in der Antoniterkirche

Sankt Michael in Zündorf

… bis zum Grab

Ursprünglich hatten alle romanische Pfarrkirchen einen Kirchhof. Das heißt, sie standen inmitten des Friedhofs, auf dem die Toten der Pfarrei bestattet wurden. Romanische Kirchhofgräber gibt es in Köln keine mehr. Lediglich in Sankt Michael in Köln-Zündorf sind zwei Grabplatten erhalten. Laut Inschrift deckte eine der Platten das Grab der Frau Adelmuot. Sie gehörte vermutlich zur Familie der Herren von Zündorf, die sich um 1040 eine Eigenkirche bauen ließen. Die Inschrift auf der Platte aus Eifelmarmor verrät auch ihren Taufnamen: Johanna.

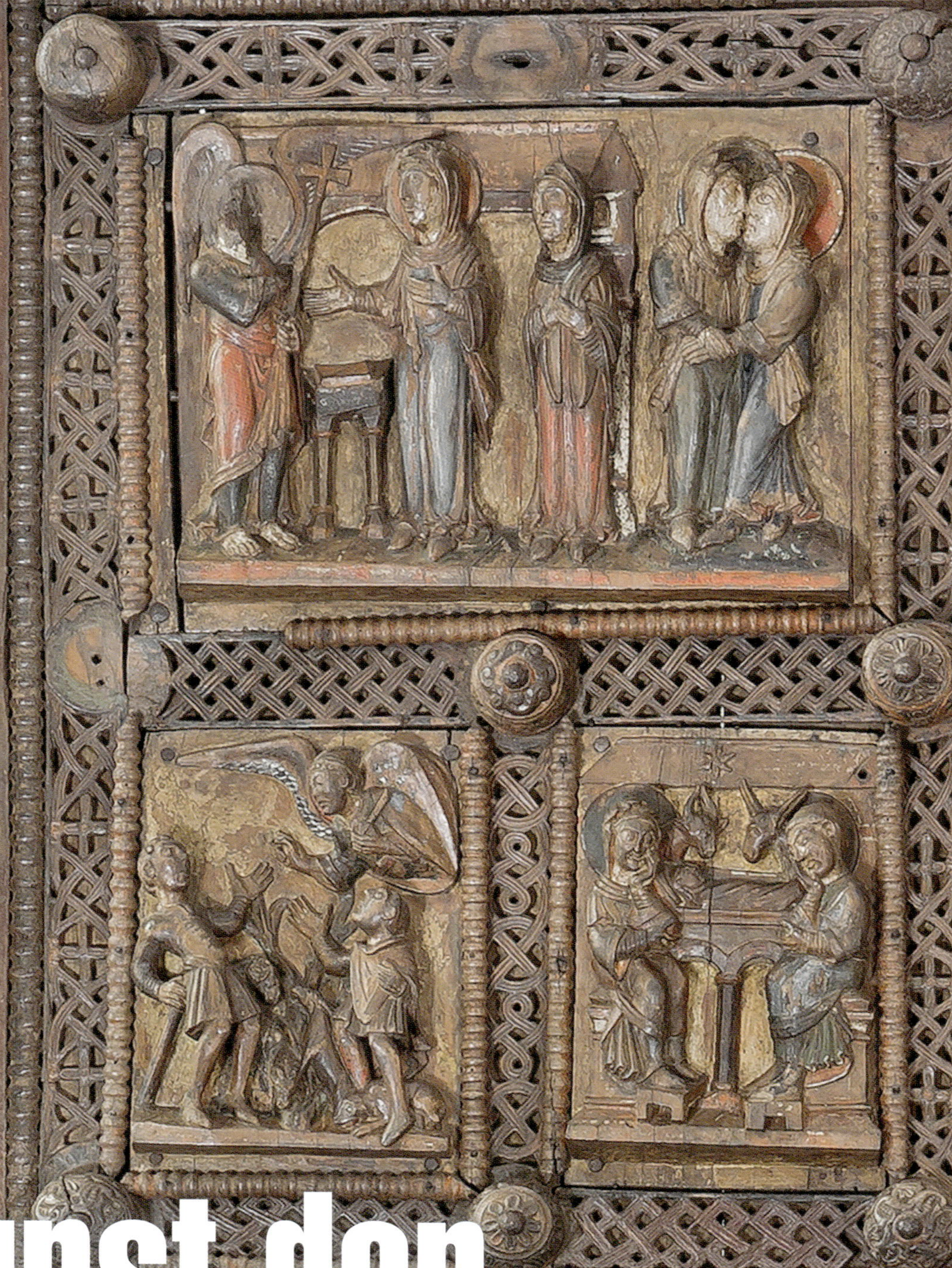

Kunst der Romanik

Die Holztür von Sankt Maria im Kapitol zeigt in vielen Bildern vor allem die Weihnachtsgeschichte.

Wieso bewachen Löwen den Kircheneingang?

Was kommt in eine Schatzkammer?

Ist weißes Gold wertvoll?

Woher weiß man, wie die Kunst der Romanik entstand?

Bunte Bilder

Gemalt wurde in der Romanik mit Farbe, Glas und Stein … Klingt komisch, oder? Über die Glasfenster konntest Du schon auf Seite 20 etwas erfahren. Jetzt geht es um Wandgemälde und ◆ Mosaiken.

Entgegenkommen

Ganz im Osten Sankt Gereons, in der Halbkuppel des Chors, wurde die „Wiederkehr Christi" dargestellt. Am Tag des Jüngsten Gerichts, so stellten es sich die Menschen vor, würde Jesus auf einem Thron sitzend und von Regenbogen umgeben wie die aufgehende Sonne von Osten wieder in die Welt kommen. Die Menschen beteten deswegen auch in diese Himmelsrichtung. Sie sahen also Jesus entgegen, der einst entscheiden würde, ob sie in den Himmel kämen oder nicht.

Zwerge und Riesen

Nachdem der heilige Victor von Xanten in Sankt Gereon Reliquien gefunden hatte, wurde die Kirche um 1130 neu bemalt. Damals gab es das ◆ **Dekagon** noch nicht. Die neuen Malereien in der alten, aus der Römerzeit stammenden Kirche zeigten die zwölf Apostel, die Freunde von Jesus, wie sie auf den Schultern von Abraham, Jeremias und anderen Propheten oder Erzvätern aus dem ◆ **Alten Testament** sitzen. Diese Bilder sollten zeigen: Die Jünger Jesu hatten die Personen aus der Zeit vor Jesus zum Vorbild. „Wir Christen sind Zwerge auf den Schultern von Riesen", sagte einmal der romanische Gelehrte Bernhard von Clairvaux (um 1090–1153).

Ein letzter Teil der Wandgemälde im Dekagon von Sankt Gereon

Typisch

Das Mittelschiffgewölbe von Sankt Maria in Lyskirchen ist komplett bemalt. Dort sind sogenannte ◆ **Typologien** dargestellt: Auf der rechten Seite des ◆ **Gewölbes** siehst Du ausschließlich Geschichten über Jesus (◆ **Neuen Testaments**), auf der linken Seite nur Geschichten aus der Zeit vor Jesus (Altes Testament). Die Geschichten sind so gegenübergestellt, dass die des Alten Testaments als eine Art Vorbild für die des Neuen Testaments erscheinen. So ist ganz vorne rechts gezeigt, wie der Engel Maria sagt, dass sie die Muttergottes würde. Links davon verkünden drei engelhafte Gestalten am Tisch sitzend dem Erzvater Abraham, dass seine Frau Sarah mit 90 Jahren noch ein Kind bekäme.

Beschenkt

ZEITZEUGE

„1215 hatten wir den Grundstein zu unserer neuen Kirche gelegt. Sieben Jahre später stand der Chor. Sankt Kunibert schenkte ich damals Reliquien: ein Stück vom Kreuz, an das Jesus geschlagen worden war, einen Armknochen des heiligen Nikolaus und den Bart des Einsiedlers Antonius. Malereien an der Chorwand erinnern daran, dass wir diese Kostbarkeiten dahinter verborgen hatten. Die Malereien zeigen Antonius in einem Mantel aus Stroh, Nikolaus von Myra in der Mitte und ganz oben das Kreuz.“

Diakon Theoderich von Sankt Kunibert (um 1222)

Zackig oder rund?

Lange Zeit waren runde Formen auch in der romanischen Malerei überall zu sehen. Die Gewandfalten in den Fenstern von Sankt Kunibert legen sich wie dünne, weiche Teigbahnen übereinander. Das nennt man Muldenfaltenstil. Als ganz am Ende der Romanik der Spitzbogen aufkam, wurden die weichen runden Falten steif und zackig. Das Gewand des Johannes in der „Taufkapelle“ von Sankt Kunibert steht wie Zickzack-Fahnen im Wind. Das ist der Zackenstil um 1260–1270.

Stark, stärker, am stärksten

In der ◆ **Krypta** von Sankt Gereon sind Mosaiken aus dem romanischen Chor des 12. Jahrhunderts zu sehen. Je sechs Bilder zeigen König David und den Helden Samson aus dem Alten Testament. Diese Bilder sind wie die Deckenbilder in Sankt Maria in Lyskirchen als Vorbilder für Jesus Christus zu verstehen. Samson war so stark, dass er einen Löwen mit bloßen Händen töten konnte. Er war stärker als der König der Tiere. Jesus aber ist noch stärker als Samson und kann alles Böse vernichten. Er ist der König aller.

Bilder aus Stein und Holz

Eine Tür mit Geschichte

Die hölzerne Tür in Sankt Maria im Kapitol ist so alt wie die Kirche selbst und hing rund 900 Jahre lang im Nordeingang. Wenn die Menschen hier hindurchkamen, dann erzählte die Tür ihnen, dass sie nun nach Bethlehem kämen. Die Weihnachtsgeschichte mit Maria, Josef und den Heiligen Drei Königen ist besonders ausführlich auf der Tür dargestellt. Ursprünglich war sie leuchtend bunt in Rot, Blau und Gelb bemalt.

Gespannt wie ein Bogen

Auch die 950 Jahre alte Jesusfigur des Kreuzes von Sankt Georg war einmal bemalt. In der Kirche hängt heute nur eine Kopie. Die Arme wurden ergänzt. Das Original kannst Du Dir im Museum Schnütgen anschauen. Der Körper ohne Arme wirkt gespannt wie ein Flitzebogen.

Das Original aus dem Museum Schnütgen

Thron aus Fleisch und Blut

In den Kölner Kirchen und Museen findest Du eine ganze Reihe solch typisch romanischer Muttergottesbilder: Maria sitzt auf einem Thron. Auf ihrem Schoß sitzt Jesus. Die Christen glauben, dass Jesus der Sohn Gottes ist – Maria ist in diesem Bild also eine Art Thron für Gott. Man nennt solche Marienbilder „Sitz der Weisheit“, weil Gott die Weisheit ist, oder auf Latein „sedes sapientiae“. Ungefähr 300 Jahre lang wurde Maria in Westeuropa nur so dargestellt.

Die „Pingsdorfer Muttergottes“ steht heute im Museum KOLUMBA.

Zuckersüß

Aus Osteuropa kamen diese Muttergottesbilder: Maria steht und trägt das Kind auf dem Arm. Beide halten sich eng umschlungen. Fast berühren sich ihre Wangen. Man nennt dies eine „Glykophilousa". Das ist griechisch und bedeutet so viel wie „die zuckersüß Küssende". Diese ihr Kind herzende Muttergottes aus feinem Kalksandstein entstand um 1180. Maria trägt ein blaues Kleid und einen roten Mantel, das Jesuskind als Gottes Sohn ein goldenes Kleid. Zu Füßen der Muttergottes findest Du immer frische Äpfel. Die bringen Menschen mit, die hier beten. Die Legende erzählt, dass der heilige Hermann Joseph der Glykophilousa in Sankt Maria im Kapitol als Kind einmal einen Apfel geschenkt habe. Hermann Joseph wurde um 1150 in Köln geboren.

Heilige, Königin oder was?

Auf der Grabplatte steht „S. Plectrudis – Regina", also „Heilige Plektrudis – Königin". Beides stimmt nicht ganz. Plektrudis war die Stiefurgroßmutter von Kaiser Karl dem Großen. Ihr Mann Pippin war um 680 eine Art Ministerpräsident, aber kein König. Und als Heilige wurde Plektrudis nur in Köln und in Essen verehrt. Die Plektrudis-Figur auf der Grabplatte in Sankt Maria im Kapitol trägt ein Kleid aus Seide: Zwischen den gradlinigen fein gelegten Falten zeichnen sich Oberschenkel und Knie eines Beines ab. Damit gab man um 1170/80 einen ganz dünnen edlen Stoff zu erkennen.

Seid alle fromm!

Der Bilderstein von Sankt Cäcilien im Museum Schnütgen wurde aus mehreren römischen Grabsteinen zusammengesetzt. Die heilige Cäcilie steht zwischen ihrem Verlobten Valerianus und dessen älterem Bruder Tiburtius. Die Augen der Figuren sind aus schwarzem Glas. Die Inschrift besagt, dass alle so tugendhaft wie Cäcilie sein sollen. Ob sich das an die ◆ **Stiftsdamen** oder an die Kölnerinnen richtete, ist nicht klar.

König der Löwen

Solche Löwen sollten die Kirchen vor bösen Mächten schützen. Sie standen als Wächter vor den Portalen. Die Wächterlöwen von Sankt Maria im Kapitol trugen Säulen auf ihren Rücken. Damit hatten sie sinnbildlich die ganze Kirche auf ihren Schultern. Im Christentum ist der Löwe auch ein Bild für den Mächtigsten der Welt, für Jesus Christus als den König aller Könige.

Schätze würdig aufbewahren

Küster Bruno Kieserg zeigt Besuchern gerne den Heribert-Kelch aus Sankt Aposteln.

Wenn Du zu Hause eine Familienfeier planst, dann deckst Du den Tisch besonders schön und Deine Eltern holen das gute Geschirr und Besteck aus dem Schrank, das nicht jeden Tag benutzt wird. So war es auch und ist es noch in den romanischen Kirchen: Fast jede romanische Kirche hat eine Schatzkammer zur Aufbewahrung besonderer Gegenstände. In Sankt Gereon wurde so ein außergewöhnlich schöner Raum, der bereits 700 Jahre alt ist, kürzlich renoviert. Dort können Kirchenbesucher die besonderen Schätze besichtigen.

Kasel des Erzbischofs Anno II.

Gefährdete Pracht

Besonders die Textilien, die großen Seiden- und Leinenstoffe, müssen sehr gut geschützt werden. Sie sind teilweise mehr als 1.000 Jahre alt. Wenn diese Textilien zu lange dem Tageslicht ausgesetzt sind, verlieren sie ihre wunderschönen leuchtenden Farben. Auch können sie aufgrund ihres Alters leicht zerfallen. Daher müssen die Stoffe speziell behandelt werden: Das ist die Arbeit der Restauratoren, die sich um die Pflege und Erhaltung der alten Stoffe kümmern. In der Kirche Sankt Kunibert wurde extra eine Schatzkammer zur Aufbewahrung der Kostbarkeiten gebaut. Darin liegen die Textilien von Sankt Kunibert, zum Beispiel die Ewaldi-Decke, in fest verschlossenen Schubladen.

Schatzkammer in Sankt Kunibert

Luxus pur!

Für Gottesdienste haben Priester und Bischöfe besondere Kleidung, die liturgischen Gewänder. In den romanischen Kirchen sind heute noch die sogenannten Kaseln erhalten. Das sind die Obergewänder von Priestern und Bischöfen – wie etwa die Kasel von Erzbischof Anno II. Sie ist fast 1.000 Jahre alt, besteht aus roter Seide und stammt aus Byzanz, der heutigen Stadt Istanbul in der Türkei. Nach seinem Tod wurde Anno II. in dieser Kasel begraben. Als er heiliggesprochen wurde, nahm man seine Gebeine aus dem Grab und legte sie in einen goldenen ◆ **Schrein**. Das Gewand wurde in die Kirche Sankt Georg gebracht, wo es viele Jahrhunderte aufbewahrt wurde.

Himmlischer Glanz

Priester und Bischöfe benutzten früher im Gottesdienst gerne besondere Gefäße oder kostbar eingebundene Bücher. Ein besonders schöner Buchdeckel stammt von einem Evangelienbuch aus Sankt Georg: In der Mitte sieht man die Kreuzigung Christi, die von vielen Figuren umgeben ist. Es ist ein Relief, so bezeichnet man dieses dreidimensionale Bild, aus Walrosszahn. Forscher vermuten, dass es im Jahr 1050 entstanden ist. Wenn die Bischöfe verreisten, nahmen sie gerne kleine Tragaltäre mit, an denen sie die Messe feiern konnten. Neben den großen Reliquienschreinen, die den Leib eines Heiligen oder einer Heiligen enthielten, gab es auch kleinere Reliquiare. Oft hatten sie die Form der Reliquie, die enthalten war: Gefäße in Form eines Arms hatten Armknochen oder die Reliquienbüste mit den wunderbaren Bartlocken eben die Barthaare des heiligen Antonius zum Inhalt.

Bartreliquiar des heiligen Antonius

Weißes Gold

Im Mittelalter stellten Handwerker besonders Wertvolles aus Elfenbein her: zum Beispiel kleine Gefäße für den kirchlichen Gebrauch, Kämme, Buchdeckel oder auch Diptychen, kleine paarweise zusammenhängende Täfelchen mit Darstellungen aus der Bibel oder von Heiligen. Dieses Handwerk nennt man Elfenbeinschnitzerei. Heutzutage wird Elfenbein, das aus den Stoßzähnen der Elefanten gewonnen wird, zum Schutz der Tiere nicht mehr verwendet. Da Elfenbein so selten und teuer war, wurde es auch „weißes Gold“ genannt.

ZEITZEUGE

Ein gewissenhafter Mönch

„Hier sitze ich nun seit geraumer Zeit und schreibe und schreibe! Mein Name ist Roger von Helmarshausen. Ich verfasse ein Buch über das Handwerk der Glasherstellung, der Buch- und Wandmalerei und besonders der Goldschmiedekunst für die Nachwelt, damit man die Techniken der Herstellung nicht vergisst!“

Roger von Helmarshausen (um 1070–1125), Mönch in den Klöstern Sankt Pantaleon (Köln) und Helmarshausen (Hessen)

Sankt Kunibert im Laufe der Zeit: 1930, 1946, 1999 (von links nach rechts)

12 Highlights in Köln

Was ist **heute** in den Kirchen los?

Warum waren die **romanischen** Kirchen zerstört?

Welche Aufgaben hat der **Förderverein Romanische** Kirchen Köln e. V.?

Die durch den Krieg zerstörte Kirche Groß Sankt Martin, 1946

Zerstörung und Wiederaufbau

Zwischen 1939 und 1945 tobte der Zweite Weltkrieg in Deutschland. An dessen Ende waren fast 90 Prozent aller Gebäude in der Kölner Innenstadt zerstört. Wie durch ein Wunder blieb der Kölner Dom verschont. Die Kölner begannen nach und nach, ihre Häuser wiederaufzubauen. Und einige überlegten: Was soll aus den in Trümmern liegenden romanischen Kirchen werden?

Vor dem Krieg

Die Kirche Sankt Maria im Kapitol ist eine der ältesten romanischen Kirchen Kölns. Vor etwa 1.300 Jahren ließ Plektrudis sie errichten. Die ◆ **Äbtissin** Ida (1025–1060) sorgte mit ihrem Bruder Herimann vor gut 1.000 Jahren für ihren Umbau. Das Besondere der Kirche konntest Du direkt auf dem Grundriss erkennen: Im Osten siehst Du drei Teile eines Kleeblatts, den Trikonchos. Der Mittelbau war dreigeteilt und im Westen gab es später einen hohen Mittelturm und zwei seitliche Türme. Die Türme von Sankt Maria im Kapitol konnten die Kölner von Weitem gut sehen. Vor allem im Inneren konnte man die romanischen Bauformen sehr schön erkennen: das Langhaus mit seiner flachen Decke, den Kleeblatt- beziehungsweise Dreikonchenchor, Säulen mit Würfelkapitellen und halbrunde Bögen.

Sankt Maria im Kapitol nach dem Kriegsende 1946

Trümmer, wohin man blickt

Während des Zweiten Weltkriegs wurde Sankt Maria im Kapitol schwer beschädigt und große Teile der Kirche zerstört. Sie gehörte zu den am stärksten getroffenen historischen Bauwerken der Stadt. Von dem Kleeblattchor standen nur noch zwei Konchen, an vielen Stellen sogar nur noch die Außenmauern. In der Kirchenmitte fehlte das Dach. Die größten Trümmerteile wurden zwar an die Seite geräumt, aber die Gemeinde konnte keinen Gottesdienst mehr in der Kirche feiern. Die Kölner durften die Kirche nicht betreten, weil die Mauerreste jederzeit einstürzen konnten. Und leider passierte dies dann auch: Die östliche Konche brach 1948, drei Jahre nach Kriegsende, zusammen.

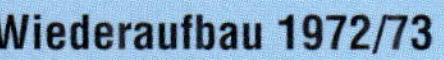

Konchen oder Kuppeln?

Der Wiederaufbau von Sankt Maria im Kapitol dauerte sehr lange, fast vierzig Jahre. Zuerst richtete ein Bauteam nur einen kleinen Teil der Kirche für den Gottesdienst wieder her. Bei allen romanischen Kirchen überlegten die Verantwortlichen genau, wie sie die Kirchen wiederaufbauen: Sollten sie ganz modern oder im alten romanischen Stil wiedererrichtet werden? Darüber diskutierten die Fachleute, also die Architekten und Denkmalpfleger, intensiv. 1955/56 wurde sogar ein Architektenwettbewerb für Sankt Maria im Kapitol ausgeschrieben. Letztendlich entschieden sich die Experten dafür, die Kirche im Wesentlichen wieder so aufzubauen, wie sie zu Lebzeiten der Äbtissin Ida im 11. Jahrhundert geplant worden war.

Zwei Bauvorschläge für Sankt Maria im Kapitol aus dem Architektenwettbewerb 1955/56

Stille in der Großstadt

Heute sieht Sankt Maria im Kapitol wieder wunderschön aus. Außen vor dem Kleeblattchor entstand ein kleiner Platz mit einer Statue des Bildhauers Gerhard Marcks, wo man den Lärm der Großstadt fast vergisst. Die Figur heißt „Die Trauernde“ und erinnert damit an den Zweiten Weltkrieg, in dem viele Frauen ihre Ehemänner und Söhne verloren. Der Kleeblattchor ist wieder ganz gleichförmig aufgebaut, aber im Westen fehlt der aus einem höheren und zwei niedrigeren Türmen bestehende ehemalige Bau. Im Inneren der Kirche kannst Du heute viele erhaltene Kunstgegenstände wie Grabmäler, eine romanische Holztür aus Idas Zeiten und sogar die Knochen von einem Walfisch bestaunen.

Romanik trifft Moderne

In jeder der romanischen Kirchen findest Du unterschiedliche Bilder, Fenster und Ausstattungsgegenstände aus allen Jahrhunderten. Als aber nach dem Zweiten Weltkrieg auch die Inneneinrichtung der Kirchen zerstört war, schufen Künstler viele Kunstgegenstände in modernen Formen.

Moderne Bilder aus Licht und Farbe – Teil I

Vor allem die zerbrechlichen Glasfenster gingen leicht kaputt. Nicht nur während des Zweiten Weltkriegs, sondern auch schon zuvor – etwa durch Stürme. In Sankt Georg entwarf der Niederländer Johan Thorn Prikker um 1930 in der ganzen Kirche moderne bunte Glasfenster. Das Fenster, das den heiligen Georg zeigt, ist abstrakt, fast wie ein ◆ **Mosaik**. Im ersten Moment erkennst Du nur den Kopf von Georg. Um die einzelnen Teile wie Rüstung, Speer und Drachen zu entwirren, musst Du ganz genau hinsehen.

Tapete? Auf gar keinen Fall!

Der Zweite Weltkrieg zerstörte auch die Kirche Sankt Aposteln stark. Ihre wunderbare Ausstattung mit Mosaiken an den ◆ **Gewölben** und an den Wänden aus dem 19. Jahrhundert fand man in der Nachkriegszeit unmodern. Daher gestaltete der Glas- und Wandmaler Hermann Gottfried zwischen 1988 und 1993 den Dreikonchenchor neu.

Moderne Bilder aus Licht und Farbe – Teil II

Auch bei den Fenstern, die Markus Lüpertz zwischen 2005 und 2010 in Sankt Andreas schuf, kann es Dir ähnlich gehen wie mit dem Fenster des heiligen Georg: Zwar erinnern seine Glasmalereien an mittelalterliche Fenster, doch die Figuren sind so verformt, dass man sie manchmal nur schwer erkennen kann. Der Künstler hat sich als Teufel auch selbst in den Fenstern verewigt. 2020 wurde das erste von elf weiteren neuen Fenstern von Markus Lüpertz in Sankt Andreas eingebaut.

Genau getroffen!

In Sankt Pantaleon wurde die Taufkapelle künstlerisch neu gestaltet. An einer Wand sind sieben goldene Stelen, frei stehende Säulen, angebracht, die jeweils ein Gemälde tragen. Eines davon zeigt die Taufe von Jesus, der erst als Erwachsener im Fluss Jordan getauft wurde. Der Maler Thomas Jessen hat genau den Moment dargestellt, in dem Jesus mit dem Kopf aus dem Wasser auftaucht.

Neue Türen: das Portal von Sankt Kunibert

In Sankt Kunibert brauchte man neue Kirchentüren. Hier hat der Kölner Bildhauer Toni Zenz ein großes Portal mit Türen im Westbau der Kirche geschaffen. Ein Portal ist ein besonders aufwendig gestalteter Eingang. Im Tympanon, dem bogenförmigen Feld über den beiden Türflügeln, siehst Du das sogenannte Jüngste Gericht: Christus steht in der Mitte und entscheidet, dass die guten Menschen in den Himmel und die bösen Menschen in die Hölle kommen. Auf den Türen sieht man Bilder von Geschichten aus dem ◆ **Alten Testament**, zum Beispiel die Geschichte von Noah, der wegen der Sintflut eine Arche baute. Die beiden Türflügel sehen übrigens grünlich golden aus – das Material heißt Bronze.

Ohne Moos nix los!

Große Reparaturen und Renovierungen der romanischen Kirchen bezahlt das ◆ Erzbistum Köln. Die Gemeinde muss ebenfalls einen Teil des benötigten Geldes aufbringen. Wenn das immer noch nicht genug ist, hilft der Förderverein Romanische Kirchen Köln e. V.

Eine Österreicherin gründet einen Verein ...

Am 18. Dezember 1981 wurde im Kölner Rathaus der Förderverein Romanische Kirchen Köln e. V. gegründet. Dafür setzte sich die in Graz geborene damalige Stadtkonservatorin von Köln, Hiltrud Kier, ein. Viele wichtige Menschen, wie beispielsweise den Kölner Oberbürgermeister oder den Kölner Erzbischof, konnte sie von der Idee eines Vereins für die romanischen Kirchen überzeugen. Einen Monat nach seiner Gründung hatte der Verein bereits 1.000 und ein Dreivierteljahr später 3.000 Mitglieder.

1985 – ein großes Jahr für die romanischen Kirchen

Die Gründer des Vereins planten, 1985 als „Jahr der romanischen Kirchen in Köln" abzuhalten. 1985 war der Zweite Weltkrieg 40 Jahre zu Ende und daran sollte erinnert werden. Der damalige deutsche Bundespräsident Richard von Weizsäcker (1920–2015) kam zu einer Gedenkstunde nach Köln und besuchte die Kirche Groß Sankt Martin. Im August 1985 führte eine ◆ **Schreinprozession** auf vier verschiedenen Wegen insgesamt 14 Reliquienschreine bis zum Neumarkt. Dort feierten rund 25.000 Menschen einen gemeinsamen Gottesdienst mit dem damaligen Erzbischof Joseph Kardinal Höffner (1906–1987).

Viel ist schon erreicht

Hier kannst Du einmal sehen, wofür das Geld der Mitglieder des Fördervereins seit 1981 ausgegeben wurde:

- 160.000 Euro für die Glasfenster von Georg Meistermann und Wilhelm Buschulte in Sankt Gereon
- 51.000 Euro für die Schatzkammer in Sankt Kunibert
- 255.000 Euro für eine neue Decke in Sankt Pantaleon

Was der Verein sonst noch macht ...

Jedes Jahr produziert der Verein ein Buch, das ganz neue Dinge aus den Kirchen erzählt. Regelmäßig können die Mitglieder an Veranstaltungen wie Vorträgen und Konzerten teilnehmen. Im Sommer gibt es schöne Ausflüge, die mit der Romanik zu tun haben. Die Geschäftsstelle des Vereins organisiert Führungen zu besonderen Themen in den romanischen Kirchen oder in den Kölner Museen.

Nur für Kinder

In den Sommerferien gibt es sogar Kinderführungen. Am schönsten ist aber immer das Schulprojekt: Kinder im 4. Schuljahr werden von unseren ◆ **Referenten** an drei Tagen besucht und können eine romanische Kirche erkunden. Das Spannendste für die Grundschulkinder ist es, Kirchenräume zu entdecken, die sonst nicht zugänglich sind.

Zwölf Kirchen – eine App

Gehen Sie mit Ihrem Smartphone auf Entdeckungsreise durch Kölns Romanische Kirchen.

Näheres unter romanischekirchen.pausanio.de oder scannen Sie diesen QR-Code.

Romanische Kirchen mit dem Handy erkunden

Wer sich über die romanischen Kirchen Kölns informieren möchte, kann dazu auch sein Handy nutzen. Wenn Du einmal in Groß Sankt Martin oder in Sankt Maria im Kapitol bist und Deine Kopfhörer dabeihast, kannst Du Informationen zur jeweiligen Kirche auf Deinem Handy anhören. Du musst vorher nur den nebenstehenden QR-Code scannen oder auf www.pausanio.com die App herunterladen.

Orte des gelebten Glaubens und der Begegnung

Die romanischen Kirchen sind heute weiterhin als Zeichen für den gelebten Glauben ein großer Anziehungspunkt in Köln. Keine andere Stadt hat so viele romanische Kirchen. Über die Jahrhunderte haben sie sich beständig verändert.

Klosterleben in der Stadt – Groß Sankt Martin

Seit 2009 gibt es an der Kirche Groß Sankt Martin die Gemeinschaften von Jerusalem – eine für Frauen und eine für Männer. Bestimmt hast Du sie schon einmal gesehen: Die Brüder tragen eine dunkelblaue Ordenstracht, die Frauen ein blaues Gewand und eine weiße Haube. Neben ihrem Tagesablauf im Kloster haben manche Mitglieder der Gemeinde auch einen Beruf: Schwester Sarah-Marie ist zum Beispiel Lehrerin für Latein. Ein- bis zweimal im Jahr können Jugendliche an einem „Tag für Gott" in Groß Sankt Martin teilnehmen und den Tagesablauf im Kloster kennenlernen.

Die Gemeinschaften von Jerusalem beim Beten in Groß Sankt Martin

„Sehr gerne wohnen wir Schwestern und Brüder von Jerusalem direkt neben Groß Sankt Martin, wo wir zusammen singen und beten. Denn hier begegnen sich Himmel und Erde. Und die Tür ist offen für alle, auch für Dich! Und für Gott."

Schwester Sarah-Marie

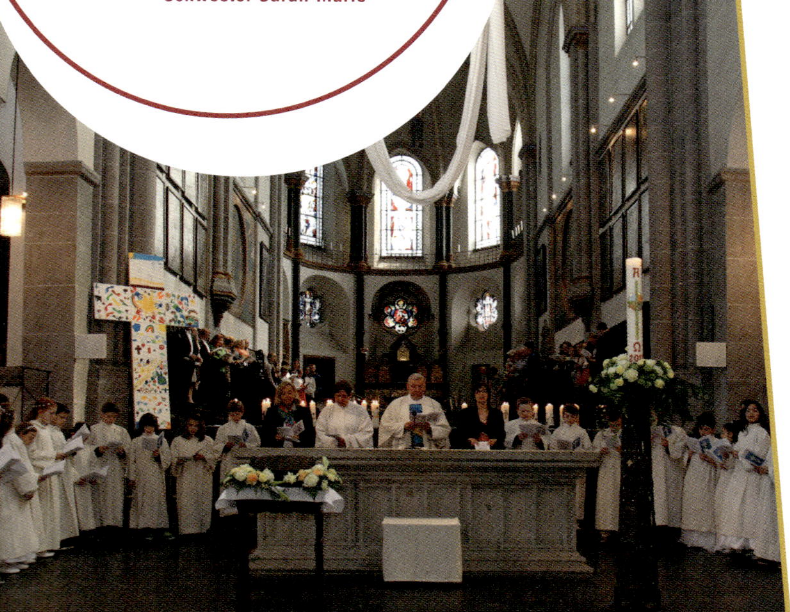

Eine ganz normale Kirchengemeinde

Sankt Severin ist eine der wenigen Pfarrkirchen in der Kölner Innenstadt. Dort gibt es etwa 10.000 Gemeindemitglieder. Jeden Sonntagmorgen werden die Gemeindemesse und über das ganze Jahr die christlichen Feste wie Ostern, Pfingsten und Weihnachten gefeiert sowie Kinder getauft. Jedes Jahr gibt es etwa 60 Kommunionkinder. Jugendliche gehen alle zwei Jahre zur Firmung. Es gibt viele Angebote, bei denen Erwachsene, Kinder und Jugendliche mitmachen können, wie den Känguru-Chor für Kindergartenkinder und den Jugendchor. Insgesamt gibt es rund 30 Gruppen, in denen sich die Menschen aus der Gemeinde treffen.

All-inclusive!

Sankt Georg ist eine inklusive Gemeinde. Inklusion kennst Du von Deiner Schule, wenn behinderte und nicht behinderte Schüler zusammen lernen. In Sankt Georg gehören Menschen mit und ohne Hörbehinderung zur Gemeinde. Deswegen gibt es in der Kirche technische Hörhilfen für Menschen, die nur schwer hören können. Für Menschen, die gar nichts mehr hören, wird der Gottesdienst in Gebärdensprache übersetzt. Die Gebärdensprache ist die Sprache der Gehörlosen. In ihr werden Worte mit den Händen ausgedrückt. Die Lieder werden im Gottesdienst sogar durch einen Gebärdenchor vorgetragen.

Wie kommt das Museum in die Kirche?

Die Kirche Sankt Cäcilien in der Nähe vom Kölner Neumarkt ist heute ein Museum. Die Idee zu diesem Museum hatte der Priester Alexander Schnütgen (1843–1918). Er sammelte Kunstschätze aus großen und kleinen Kirchen des Rheinlands und schenkte seine Sammlung der Stadt Köln mit der Bedingung, seine Kunstgegenstände in einem eigenen Museum auszustellen. 1910 wurde daraufhin das Museum Schnütgen in Köln am Hansaring eröffnet. Seit 1956 befindet es sich in der Kirche Sankt Cäcilien. Hier kannst Du Dich über die Kunst des Mittelalters informieren. Das Museum veranstaltet viele Sonderausstellungen. Eine davon hieß „Expedition Mittelalter". Dafür wurde ein eigener Kinderkatalog erstellt und viele Führungen für Kinder veranstaltet.

Die Ausstellung des Museum Schnütgen im Inneren der Kirche Sankt Cäcilien

Jobs in den romanischen Kirchen

Wusstest Du, dass viele Menschen in und an den romanischen Kirchen arbeiten, damit alle Aufgaben erledigt werden und die Kirchen nicht nur zu Gottesdienstzeiten geöffnet sind? Hier stellen wir Dir einige Berufe rund um Kölns romanische Kirchen kurz vor.

1 Besucherdienst

Die Männer und Frauen des Besucherdienstes, die ehrenamtlich Aufsicht in den Kirchen machen, heißen die Besucher als Erstes willkommen.

2 Gemeinde-/Pastoralreferenten

Gemeinde- oder Pastoralreferenten haben wie die Pfarrer Theologie studiert. Sie können Wortgottesfeiern oder Kindergottesdienste abhalten, Gesprächskreise für Gruppen anbieten, sich um Einzelpersonen wie Senioren oder Kranke kümmern.

3 Pfarrer

Der Pfarrer leitet die Gemeinde und die verschiedenen Gottesdienste wie Taufen, Hochzeiten oder Trauerfeiern. Er ist der einzige Geistliche, der eine Eucharistiefeier, das heißt einen Gottesdienst mit Kommunion, abhalten darf.

„Ich liebe unsere romanischen Kirchen. Sie sind einfach wunderbare, kostbare Räume, die alle Menschen fesseln. Und ich liebe es, Gottesdienst in ihnen zu feiern, wenn die Orgel erklingt, die Gemeinde kräftig singt und der ganze Raum erfüllt ist von der Schönheit und der Größe Gottes.“

Dr. Dominik Meiering, leitender Pfarrer der Kölner Innenstadtgemeinden

4 Küster

Die Küster sind für die Vorbereitung des Gottesdienstes zuständig. Sie schließen die Kirche auf, läuten die Glocken, bereiten die Gefäße für den Gottesdienst vor, zünden die Kerzen an, sorgen für den Blumenschmuck und vieles mehr.

5 Restauratoren

Die teils sehr alten Kunstgegenstände in den Kirchen müssen besonders gepflegt werden – dies erledigen immer die Restauratoren. Sie können auf ein bestimmtes Fachgebiet spezialisiert sein: Wandmalerei, Holz, Stein oder Gemälde. Ist etwa eine Holzskulptur beschädigt, bringen die Restauratoren die Figur in ihre Werkstatt, wo sie sie ergänzen oder rekonstruieren. Dabei sollen sie die Originalsubstanz nicht verändern.

„Als gelernter Steinmetz und Bildhauer bin ich von der enormen handwerklichen und künstlerischen Leistung unserer Vorfahren zutiefst beeindruckt. Um diese unwiederbringlichen geschichtlichen Zeugnisse zu erhalten, habe ich den Beruf des Restaurators gewählt. An den romanischen Kirchen in Köln arbeiten zu können, ist eine wundervolle und einzigartige Aufgabe."

Michael Streuff, Steinmetz- und Bildhauermeister

6 Kirchenführer

Wenn Du einmal eine Führung in einer romanischen Kirche machen möchtest, dann frage zuerst nach einem Kirchenführer. Diese sind meistens ◆ **Kunsthistoriker**, ◆ **Historiker** oder ◆ **Theologen** und sind die Fachleute für die romanischen Kirchen. Sie können den Kirchenbau und seine Ausstattung auch für Kinder und Jugendliche sehr gut erklären.

„Ich arbeite gerne als Kirchenführerin an den romanischen Kirchen, weil es mir große Freude bereitet, mit meinen Gästen die vielen spannenden Geschichten zu entdecken, die sich hinter jeder Kirche verbergen. Hier erzählen die Steine und Kunstwerke vom Leben, Glauben und Bauen der Menschen in vergangenen Zeiten."

Ruth Wolfram, Kirchenführerin

Das Romanik 1x1

Äbtissin/Abt
Eine Äbtissin leitet ein Kloster für Nonnen. Ein Abt leitet ein Kloster für Mönche.

Altar
In der Romanik der steinerne gemauerte Tisch einer Kirche, an dem mit Wein und Brot die Messe gefeiert wird.

Alter Dom
Bezeichnung für den Vorgängerbau des heutigen Kölner Doms. Der Alte Dom, auch Hildebold-Dom genannt, war ein Bau aus dem 9. Jahrhundert.

Altes Testament
Das Alte Testament ist die Heilige Schrift des Judentums, der sogenannte Tanach, sowie der erste Teil der christlichen Bibel. Es besteht unter anderem aus den fünf Büchern Mose.

Archäologie/Archäologe
„Die Lehre von dem, was alt ist": die Wissenschaft, die sich mit alten Gegenständen wie Ruinen, Tontöpfen oder Grabstätten beschäftigt. Ein Archäologe sucht nach Orten, an denen früher Menschen lebten, um dort alte Gegenstände zu finden und so etwas über diese Menschen zu erfahren.

Basilika
Bei den Römern ein lang gestrecktes, durch Stützenreihen in drei oder fünf Schiffe unterteiltes Gebäude für Gerichtsverhandlungen oder Märkte. In der Romanik eine drei- oder fünfschiffige Kirche mit hohem Mittelschiff und niedrigen Seitenschiffen. Alle Schiffe haben Fenster.

Dekagon
Zehneck. Das Dekagon von Sankt Gereon ist ein aus zehn Wänden bestehender Raum.

Email
Hat nichts mit E-Mails auf dem Computer zu tun. Email ist pulverisiertes Glas, das in einer oder mehreren Schichten zur Verzierung auf metallischen Untergründen aufgeschmolzen wird.

Epoche
Langer Zeitabschnitt in der Geschichte, der sich durch bestimmte Merkmale von anderen Zeitabschnitten deutlich unterscheidet.

Erzbistum
Amtsgebiet eines Erzbischofes. Dem Erzbistum beziehungsweise Erzbischof unterstehen mehrere Bistümer – die Amtsbereiche der katholischen „Unterbischöfe".

Erzkanzler
Leiter der kaiserlichen Behörde, die für die Erstellung sämtlicher Urkunden zuständig war. Zudem oft engster Vertrauter des Kaisers und Mitbestimmer in dessen Politik.

Evangelisten
Die vier Verfasser der biblischen Evangelien, der Texte über das Leben Jesu: Matthäus, Markus, Lukas und Johannes.

Französische Revolution
Ereignis in Frankreich von 1789 bis 1799, in welchem das Königtum abgeschafft und aus Frankreich ein modernes Land gemacht werden sollte, um den Menschen Freiheit, Gleichheit und Brüderlichkeit zu bringen.

Fundament
Die Erdmauern eines Gebäudes.

Gewölbe
Aus Steinen gemauerte, bogenförmige Decke eines Gebäudes.

Gotik
Von der Mitte des 12. Jahrhunderts bis um 1500 epochenbildender Stil der europäischen Architektur und Kunst. Spitzbögen, große Glasfenster und hohe, lichtdurchflutete Räume sind typisch für die Gotik.

Historikerin/Historiker
Wissenschaftler, welche die Geschichte erforschen.

Insignien
Kennzeichen für eine hohe Stellung einer Person, zum Beispiel eine Krone, ein Zepter oder ein Wappen.

Krypta
Raum mit gewölbter Decke, meist unterhalb des Chors einer romanischen Kirche, der als Aufbewahrungsort für Reliquien oder als Grabstätte dient.

Kunsthistorikerin/Kunsthistoriker
Wissenschaftler, die sich mit der Geschichte der Kunst auseinandersetzen.

Mikwe
Heißt so etwas wie „lebendiges Wasser". Die Mikwe ist ein mit Grundwasser gespeistes Tauchbad, das gläubigen Juden zur rituellen, das heißt zur religiösen, nicht körperlichen Reinigung dient.

Mosaik
Bild, das aus verschieden geformten und farbigen Steinen oder Glas zusammengesetzt ist.

Neues Testament
Zweiter Teil der christlichen Bibel, in dem die Evangelien stehen und in weiteren Texten von Jesus Christus als Sohn Gottes gesprochen wird.

Patronatsherr
Eigentümer und Bauherr einer Kirche. Der Patronatsherr kann eine einzelne Person oder eine Gemeinschaft – ein Kloster, ein Stift – sein.

Podium
In diesem Fall ein hoher steinerner Unterbau für einen Tempel. Der Tempel steht „auf dem Podest".

Prozession (Schreinsprozession)
Religiöses Ritual. Ein nach bestimmten Regeln stattfindender feierlicher Umzug von Geistlichen und der Gemeinde. Bei einer Schreinsprozession wird zu Ehren des Heiligen der Schrein mit dessen Reliquien durch die Kirche oder den Ort getragen.

Referentin/Referent
Person, die einen Vortrag hält.

Replik
Nachbildung eines Originals, etwa eines Kunstgegenstandes.

Rundbogenfries
Reihe von Halbkreisbögen, die als Verzierung den oberen Abschluss einer Wand bildet.

Schrein
Ein Behältnis, in dem wertvolle Gegenstände oder Knochen (man sagt auch „Gebeine") eines Heiligen aufbewahrt werden. Oft ist ein Schrein mit Edelmetall und Emails verziert.

Stiftsdame/Stiftsherr
Mitglied einer an einer Kirche lebenden und dort Gottesdienst feiernden Gemeinschaft von adligen Personen.

Synagoge
Bethaus der Juden. Das Judentum ist eine der großen Weltreligionen.

Theologin/Theologe
Wissenschaftler, die sich mit der Lehre von Gott (Theologie) befassen.

Typologie
Personen oder Geschehnisse des Alten Testaments werden als Vorläufer mit einer Person oder einem Ereignis des Neuen Testaments in Bezug gesetzt.

Westwerk
Das Westwerk ist eine turmartige und im Westen an eine Kirche angebaute zweite Kirche. Echte Westwerke sind selten. Sie stammen meist aus der Zeit Karls des Großen und der Ottonenkaiser.

Bibliografische Information der Deutschen Nationalbibliothek
Die Deutsche Nationalbibliothek verzeichnet diese Publikation in der Deutschen Nationalbibliografie; detaillierte bibliografische Daten sind im Internet über **http://dnb.dnb.de** abrufbar.

1. Auflage 2022

Herausgeber: Förderverein Romanische Kirchen Köln e. V.
Texte: Markus Eckstein, Dr. Gabriele Oepen-Domschky
Redaktion: Christina Schupetta, Nicola-Kim Raschdorf
Korrektorat: Kai Decker
Illustrationen: Martin Böer
Layout: Svenja Klein, Giannina Torrano
Druck und Bindung: Livonia Print, Lettland

ISBN 978-3-7510-1221-8 Buchausgabe
ISBN 978-3-7510-1267-6 EPUB
ISBN 978-3-7510-1268-3 PDF
ISBN 978-3-7510-1269-0 MOBI

Auch als eBook erhältlich

BILDNACHWEIS
20gramm GmbH Dialogmarketing, Köln: 56 M., 57 u.; Arabsalam/CC BY-SA 4.0 (via Wikimedia Commons): 26 o. l.; Archiv FVRKK e.V., Köln: 57 M., 61 (6); José Luiz Bernardes Ribeiro/CC BY-SA 4.0 (via Wikimedia Commons): 18 u.; Silvia Bins: 33 u. r., 58 u., 60 (1), 61 (5); CaS2000/CC BY-SA 3.0 (via Wikimedia Commons): 9; Chris06/CC BY-SA 3.0 (via Wikimedia Commons): 21 o.; Chris06/CC BY-SA 4.0 (via Wikimedia Commons): 5 o. r., 37 o.; Colonia 3d: 24 o., 24 u.; Derix Glasstudios GmbH & Co. KG, Taunusstein.: 5 M. r., 55 o.; Hermann Dornhege: 58 M. r.; Petra Drumm: 32 o.; gemeinfrei: 36 l., 40 o., 40 u. r., 41 M., 41 u. l., 44 u.; GFreihalter/CC BY-SA 3.0 (via Wikimedia Commons): 20; Dorothea Heiermann: 4 o., 4 M., 16 u., 17 M., 24 M., 45 M., 46 o., 48 u., 49 M., 53 u. l., 55 M. l., 55 u., 56/57, 59 o., 64 (2); Hohe Domkirche Köln, Dombauhütte Köln, Foto Matz und Schenk: 32 M. r., 33 u. l.; Hohe Domkirche Köln, Dombauhütte Köln, Foto P. Sondermann: 26 o.; Willy Horsch/CC BY-SA 3.0 (via Wikimedia Commons): 19 M., 39 M., 39 u., 47 u.; istockphoto/Dynamoland: 8 M.; istockphoto/pepmiba: 8 u.; istockphoto/ruzanna: 64 (1); Kath.Kirchengemeinde St. Pantaleon: 33 o. l.; Hiltrud Kier: 2, 47 M. l.; Svenja Klein: 18 o., 22, 23; KNA (www.kna.de), Fotograf Harald Oppitz: 59 M.; Kolumba und Autoren, Köln 2016; Foto Lothar Schnepf: 29 M. l.; Celia Körber-Leupold: 21 M., 36/37 o., 38 u., 39 o., 40 M., 45 u., 51 r., 54 M., 54 u., 64 (5); Christoph Kraneburg: 1, 5 o. l., 44 o., 48 o., 54 o., 64 (4); Stephan Kube, Greven: 25 M., 28 u., 29 M. r., 33 o. r.; LVR-Amt für Denkmalpflege im Rheinland, Viola Blumrich: 42/43; Steffi Machnik: 36/37 u.; Monstische Gemeinschaften von Jersusalem An Groß St. Martin, Köln, Foto: Sr. Sarah-Marie: 58 M. l.; Neuwieser/CC-BY-SA-2.0 (via Wikimedia Commons): 18 M.; Pfarrarchiv St. Severin, Köln: 60 (2); Privat: 60 (3); Restauratoren Kartäuserhof GbR, Köln, Foto: Georg Maul: 47 M. r.; Rheinisches Bildarchiv (RBA): 6/7 (rba_d000348), 19 u. r. (rba_mf165662), 25 u. l. (rba_c001339), 27 o. (rba_c019799), 27 u. (rba_mf010755), 29 o. (rba_c003831), 30/31 (rba_057027), 32 u. l. (rba_c003854), 33 M. (rba_d022390_01), 48 M. (rba_c007197), 49 o. (rba_c005413), 50 l., (rba_d006102), 50/51 (RBA 711 732), 58 o. (rba_d022651_41); Hans Peter Schäfer: 40 u. l.; Hans Peter Schäfer/CC BY-SA 3.0 (via Wikimedia Commons): 45 o.; R. Schlappal / CC-BY-SA-3.0 (via Wikimedia Commons): 47 o. l.; Lothar Schnepf: 57 o. r.; Andreas Schöllmann: 38 M.; Schorn KG: 53 o. l.; Christina Schupetta: 3, 16 o. r., 41 u. r., 64 (3); R. Schwarz und R. Steinbach: 53 M. r.; H. Schwippert: 53 o. r.; shutterstock/ArTono: 8 o.; Anna Skriver: 57 o. l.; Raimond Spekking/CC BY-SA 4.0 (via Wikimedia Commons): 17 o. l., 46 u. r., 53 u. r., 59 u.; Stadtkonservator Köln: 4 u., 19 u. l., 25 o., 52; Julie Toulouse: 14/15, 17 o. r., 25 u. r., 61 (4); VG Bild-Kunst, Bonn: 55 M. r.; Elke Wetzig (Elya)/CC BY-SA 3.0 (via Wikimedia Commons): 28 o.; Elke Wetzig/CC BY-SA 4.0 (via Wikimedia Commons): 46 u. l.; Eusebius Wirdeier: 29 u.; Arnold Wolff: 26 M.

Titel: istockphoto/Borisb17: u. l.; Stephan Kube, Greven: o., u. M.
Buchrückseite: Chris06/CC BY-SA 3.0 (via Wikimedia Commons): o. M.; Rolf Heinrich, Köln/CC BY-SA 3.0 (via Wikimedia Commons): o. l.; KNA (www.kna.de), Fotograf Harald Oppitz: u. M.; Raimond Spekking/CC BY-SA 4.0 (via Wikimedia Commons): u. l.; Julie Toulouse: u. r.
Vorsatz, Karte: Chris06/CC BY-SA 4.0 (via Wikimedia Commons): 3; Fotograf unbekannt: 2; Dorothea Heiermann: 11, 15; Rolf Heinrich, Köln/CC BY-SA 3.0 (via Wikimedia Commons): 12; Eckhard Henkel/ CC BY-SA 3.0 (via Wikimedia Commons): 16; Willy Horsch/ CC BY-SA 4.0 (via Wikimedia Commons): 8; istockphoto/Paola Leone: 1; Rheinisches Bildarchiv (RBA): 10 (rba_d022651_41); Raimond Spekking/CC BY-SA 4.0 (via Wikimedia Commons): 4, 5, 7, 14; Stadtkonservator Köln: 6, 9, 13

Wir haben uns bemüht, für alle Abbildungen die entsprechenden Inhaber der Rechte zu ermitteln.
Sollten dennoch Ansprüche offen sein, bitten wir um Benachrichtigung.

Für Romanik-Profis QUIZ

1 Wie viele große romanische Kirchen hat Köln?

S Zwölf
K Fünf
R Keine

2 Wenn Du eine Säule in Scheiben schneiden würdest, dann wären diese …

E sternförmig.
A rund.
O viereckig.

3 Ab wann kann ein Bogen eine Wand oder ein Gewölbe tragen?

M Wenn er aus Beton besteht
E Wenn die Verzierungen fertig sind
N Wenn der Schlussstein sitzt

4 Der Kopf einer Säule oder eines Pfeilers heißt …

A Kapitol.
B Kapitulation.
C Kapitell.

5 Wie lauten die Namen der Heiligen Drei Könige?

V Benjamin, David und Samuel
T Caspar, Melchior und Balthasar
W Gabriel, Michael und Raphael

6 Woran können Forscher erkennen, wann eine Kirche gebaut wurde?

A An den Steinen
I An ihrem Namen
U An ihrer Größe